초급 만주어

기획 고려대학교 민족문화연구원 만주학센터
집필 이선애·김경나

박문사

머리말

 만주어는 청(淸)의 국어(國語)이자 지배층인 만주족의 언어이다. 청은 1644년부터 1911년까지 약 270여 년 간 중국을 지배하면서 지속적인 영토 확장을 통해 현재 중국의 판도를 완성했다. 청 태조 누르하치는 분산된 여진 부락을 통합하고 국가를 수립해 가는 과정에서 1599년 만주문자를 창제했다. 이 때 만들어진 만주 문자는 청이 붕괴할 때까지 국가의 공식·비공식 문서에서 널리 사용되었다. 오늘날 중국의 여러 당안관과 세계 각지의 도서관에는 만주 문자로 작성된 다양한 자료가 소장되어 있다. 청의 역사와 문화를 이해하는 데 이러한 만문 자료가 중요한 학술적 가치를 지니고 있음은 말할 나위가 없다.

 한국에서 만주어 연구는 언어학 분야에서 선도적으로 진행되어 왔다. 만주어가 언어 구조·특징·어휘 면에서 한국어와 매우 유사하다는 점에서 언어계통학적 분석을 통한 비교 연구가 주를 이루었고, 만주어·몽골어·튀르크어와 발음이 유사한 중세 한국어를 중심으로 많은 연구 성과가 축적되어 왔다. 이 가운데 조선 시대 사역원(司譯院)에서 만주어 교재로 편찬된 청학서(淸學書)들은 당시 만주어의 발음을 고증하고 중세 한국어의 특징을 연구하는 데 매우 중요하게 활용되고 있다.

 언어학 분야와 달리 역사학 분야에서는 만주족이 한족의 문화에 완전히 동화되었다는 '한화(漢化)이론'의 영향으로 만문 자료의 중요성이 오랫동안 평가절하 되어왔다. 그러나 최근 한족중심의 한화이론에 대한 비판이 제기되고 청의 특수성과 만주족의 정체성에 대한 관심이 높아지면서 역사 연구에서도 만문 사료에 대한 관심과 활용이 커지고 있다. 특히 조선과 만주족의 오랜 교류의 역사를 고려할 때 만문 자료가 한국학의 외연을 확장하고 새로운 연구 주제를 개발하는 데 크게 도움이 되리라 기대한다.

 본 교재는 고려대학교 민족문화연구원 문화학교의 만주어수업을 토대로 만들어진 만주어·만문 기초 학습서이다. 2009년 7월에 시작된 민족문화연구원의 만주어 수업은 일반인과 학생을 대상으로 하여 만주어·만문에 대한 대중적 관심과 이해를 높이는 데 크게 기여해왔다. 본 교재의 집필진은 만주어 수업의 강사들로, 수업에서 축적한 경험과 청사(淸史)에 대한 전공지식을 바탕으로 만주어를 쉽게 이해할 수 있도록 교재를 구성했다. 한국에서 발간된 최초의 만주어 학습서라는 점에서 본 교재가 한국의 만주학(滿洲學)에 기여하리라 기대한다.

본 교재의 본문에는 대만의 만주학 연구자 주앙지파(莊吉發)가 편집한『어문청정(御問聽政)』(文史哲出版社, 1999), 청대 팔기(八旗)의 자제들을 대상으로 한 만주어 교재인 수암팔기학당(岫岩八旗學堂)의『만한회화(滿漢會話)』,『만주실록(滿洲實錄)』,『청어노걸대(淸語老乞大)』,『팔세아(八歲兒)』등을 활용했다. 또한 병자호란(丙子胡亂)이 남긴 삼전도비문(三田度碑文)을 부록으로 수록했다. 만주어 문법 설명은 박은용의『만주어문어연구』(형설출판사, 1973), 카와치 요시히로(河內良弘)의『滿洲語文語文典』(京都大學學術出版會, 1996) 등을 참고했다. 만주족의 풍습과 역사에 대한 설명은 민족문화연구원 웹진민연에 연재된 이훈의『만주족 이야기』와 동북아역사재단에서 편찬한『만주인이야기』(동북아역사재단, 2013) 등을 참고했다.

본 교재가 발간될 수 있도록 지원해주신 고려대학교 민족문화연구원의 최용철 원장, 문화학교의 강상순 선생, 만주학센터의 김선민 선생에게 깊이 감사드린다. 바쁜 일정에도 교재를 꼼꼼하게 검토해주신 도원영 선생과 이훈 선생에게도 감사드린다. 아울러 만주학센터의 설립에 큰 관심을 가지고 귀중한 소장자료를 기증해주신 서울대 언어학과 명예교수 성백인 선생님께 감사드린다. 본 교재를 통해 만주어 학습과 만주학 연구가 더욱 확산되기를 기대한다.

집필자를 대표하여 이선애 씀

목 차

머리말		3
만주어란		7
제1강	모음	11
제2강	자음	19
제3강	특수문자	41
제4강	전사연습	45
제5강	인사	57
제6강	나이	71
제7강	가족	85
제8강	건강	95
제9강	자기소개	109
제10강	만주어학습	129
제11강	인물	141
제12강	역사	155
독해연습	『팔세아(八歲兒)』	173
부록 I	삼전도비문	189
부록 II	문법정리	207

附录

만주어란

　만주어와 만문이 무엇인가를 설명하기 위해서는 우선 '만주(滿洲)'라는 용어에 대해 살펴볼 필요가 있다. '만주'는 우리에게 지명(地名)으로 익숙하지만 사실 만주라는 용어는 민족 명칭으로 탄생했다. '만주'는 누르하치의 뒤를 이은 홍타이지가 보다 강력한 국가 건설의 정치적 포석으로 기존 여진족의 명칭을 버리고 정식으로 채택한 민족명이다. '여진'과 '만주'를 동일시할 수 있는가, 또 홍타이지 이전 시기에 대해 만주라는 용어를 사용하는 것이 적합한가 등에 대해서 여러 이견이 있을 수 있다. 그러나 일단 청이 세워지기 전 후금(後金) 시기부터 만주족이 사용한 언어와 문자를 만주어, 만문으로 통칭하겠다.

　만주족의 전신(前身)이라고 할 수 있는 여진족은 오늘날의 만주 지역에서 활동했다. 이 지역에 거주했던 북방 민족은 고대로부터 숙신(肅愼), 읍루(挹婁), 물길(勿吉), 말갈(靺鞨) 등으로 불렸고 대략 송대에 여진·여직(女直)이라는 명칭이 등장하기 시작했다. 이들 민족이 각기 다른 종족인지 아니면 같은 계통의 종족이 시대에 따라 다양한 명칭으로 불렸는지는 명확하지 않다. 그러나 이들 민족들의 거주 지역이 거의 비슷했기 때문에 학자들은 숙신, 읍루, 물길, 말갈 등을 여진족, 만주족의 조상으로 추정하고 있다. 이들 민족을 크게 묶어 퉁구스족이라고 하고 이들 민족들이 사용했던 언어를 만주퉁구스어파로 분류한다. 여기에 해당하는 어파는 11개 정도로, 크게 북부 퉁구스어군과 남부 만주어군으로 나뉘며 전자(前者)에는 1. 어원어(Ewen, 라무트어(Lamut)), 2. 어웡키어(Ewenki, 鄂倫春語), 3. 솔론어(Solon, 鄂溫克語), 4. 네기달어(Negidal)가 포함되고 후자(後者)에는 5. 나나이어(Nanai, 골디어(Gold) 혹은 허저어[赫哲語]), 6. 윌타어(Uilta, 오로크어(Oroki)), 7. 울치어(Ulchi), 8. 우디허어(Udihe), 9. 오로치어(Orochi), 10. 만주어와 11. 시버어(Sibe, 錫伯語)가 포함된다. 각 군에 속하는 언어들은 서로 방언 관계로 보아도 좋을 만큼 유사하다.

　현재 만주어 사용 인구는 극히 소수이다. 중국에는 약 1,000만 명 정도의 만주족이 있지만 이 중 만주어를 말할 수 있는 사람은 매우 드물다. 흑룡강성(黑龍江省) 삼가자촌(三家子村)에 거주하는 고령의 노인들이 만주어를 구사할 수 있고 신강(新疆) 찹차르 시버족 자치현에 거주하고 있는 일부 시버족들이 만주어의 방언이라고도 할 수 있는 시버어를 구사한다.

▌만문의 창제

여진족이 세운 금(金, 1115-1234)은 한자와 거란문자를 본 따 여진문자를 만들었다. 금 조정은 여진문자를 보급하기 위해 정책적으로 경서를 번역하고 학교를 세우기도 했다. 그러나 여진문자는 한자보다 복잡해 일반 백성이 사용하기 어려웠고 당시 금 사회에서는 한자를 보편적으로 사용했기 때문에 여진문자는 점차 소멸되었다. 금이 멸망한 후 여진문자는 자취를 감추고 만주 지역에서 조금씩 사용되다가 명 이후에는 완전히 사라졌다. 이후 여진족의 독자적인 문자는 후금-청에 이르러 다시 만들어지게 되었다.

명(明, 1368-1644)이 북방민족을 제어하기 위해 변방 지역에 설치한 위소(衛所) 중에서 건주좌위(建州左衛)의 수장이었던 누르하치는 명·조선과의 무역을 통해 경제적 기반을 마련하고 정치·군사적 개혁을 단행하여 세력을 확장했다. 주변의 여진족을 통합하고 국가 체제를 형성해 가던 중이던 1599년 2월 누르하치는 박시(baksi, 博士) 어르더니(Erdeni, 額爾德尼)와 가가이(G'ag'ai, 噶蓋)에게 여진족의 문자를 만들 것을 명했다. '박시'란 한어 '박사(博士)'에서 왔을 것으로 추정되며 문사(文事)를 담당한 인재에 대한 호칭이었다. 누르하치는 국가의 기반을 다지고 세력을 확장하면서 기존에 몽골문자를 그대로 사용했던 방식에서 벗어나 여진어에 맞게 개량된 문자 체계를 갖고자 했다. 이에 어르더니가 만든 문자는 12자두(字頭)를 바탕으로 한 '무권점(無圈點)' 만주문자였다. '무권점' 만주문자란 초기 만주문자가 권점圈點(○, ·)이 없는 형태였기 때문에 이보다 발전된 '유권점(有圈點)' 만주문자와 구분하여 붙여진 이름이다.

누르하치가 처음 만문을 창제하라고 명했을 때 어르더니와 가가이는 "우리는 몽고(monggo)의 글을 배운 대로 알고 있습니다. 예로부터 써온 글을 어떻게 바꾸겠습니까?"라며 난색을 표했다. 그러자 누르하치는 "한인 나라의 글을 읽으면 한문을 아는 사람과 모르는 사람이 모두 이해할 수 있다. 몽고국의 글을 소리 내어 읽으면 글을 모르는 사람도 모두 이해한다. 그러나 우리의 글을 몽고어로 써서 읽으면 우리나라의 글을 모르는 사람은 이해할 수 없다. 왜 우리나라의 말로 쓰는 것은 어렵고 다른 몽고국의 말은 어찌 쉬운가!"라고 질책했다. 그리고 다음과 같이 만문 창제의 원리를 가르쳤다. "'아'라는 문자를 써라. '아'의 아래에 '마'를 놓으면 '아마(ama, 아버지)'가 아니냐. '어'라는 문자를 써라. '어' 아래에 '머'를 놓으면 '어머(eme, 어머니)'가 아니냐. 내가 마음속으로 다 생각해 놓았다. 너희는 써 보아라. 될 것이다."라고 하면서 만문창제의 뜻을 관철시켰다. 누르하치의 만문창제와 관련한 이 일화는 세종대왕이 대신들의 강력한 반대에도 불구하고 한글을 창제했던 일을 상기시킨다. 훈민정음에 나라의 말이 중국과 달라 문자를 만들게 되었다고 창제 동기를 밝힌 것과 마찬가지로 누르하치 또한 여진어와 몽골어가 달라 몽골문자로 여진어를 표기하는 데에 한계가 있다는 점을 강조했다.

▮ 만문의 발전과 소멸

누르하치의 명에 의해 어르더니와 가가이가 제정한 만주문자는 몽골문자를 차용해 만든 문자이다. 몽골문자 자체가 위구르 문자, 소그드 문자, 히브리와 아랍 문자 등의 영향을 받았으므로 만문도 이러한 계통의 문자로 알려져 있다. 만주문자의 창제와 반포는 만주족의 문화적 발전 뿐 아니라 국가체제를 정비하고 세력을 확장하는 데 밑거름이 되었다고 할 수 있다. 그러나 앞에서도 언급했듯이 만주어와 몽골어는 체계가 다른 언어이므로 몽골문자를 그대로 차용해 만주어의 음운을 표기하는 데에 한계가 있었다. 특히 몽골문자에서는 k/g/h와 t/d, o/u를 구별하지 않았으므로 단어를 아는 경우에는 문제가 없지만 모르는 경우 문자만 보고는 발음을 구분할 수 없는 문제가 발생했다. 누르하치의 뒤를 이은 홍타이지는 이런 문제를 개선하고자 1632년 박시 다하이(Dahai, 達海)에게 만주문자의 개정을 명했다. 다하이는 구(舊) 만문에 점(·)과 동그라미(○)를 더해 만주어의 발음을 정확하게 표기할 수 있게 했다. 이 문자를 동그라미(圈)와 점(點)이 있는 유권점 만문(tongki fuka sindaha hergen) 또는 신만문(新滿文)이라고 지칭해 무권점 만문(tongki fuka akū hergen) 또는 노만문(老滿文)과 구분했다.

1644년 청군이 산해관(山海關)을 넘어 북경을 차지하면서 청이 명을 대신해 중국을 지배하게 되었다. 소수의 만주족이 다수의 한족을 장기간 지배한 일은 거의 기적에 가깝다고 할 수 있다. 무엇보다 이전에 중원을 차지했던 북방 민족들이 한족의 문화에 동화되어 민족적 정체성을 잃었던 사실은 만주족 황제들에게 일종의 강박 관념으로 작용했다. 만주족 황제들은 만주족의 언어와 말 위에서 활을 쏘는 전통인 '국어기사(國語騎射)'를 만주족의 법도로 규정해 민족의 정체성을 상실하지 않도록 경계했다. 청 조정은 만주족 관원들에게 만주어와 만문을 익히게 하고 공식 문서에서 만문을 일차 언어로 사용함으로써 만주어와 만문을 지켜가고자 했다. 그러나 만주족들의 전통과 문화가 점차 사라지는 추세를 돌이킬 수는 없었다. 19세기에 들어서면서 청의 국력이 약화되자 만주어 교육의 열기가 더욱 시들었고 결국 1902년 서태후가 내린 만문 폐지령으로 관청의 공문서 및 교육 시설에서 더 이상 만주어를 사용하지 않게 되었다. 이후 신해혁명으로 1912년 청이 멸망한 이후에 만주어는 소수의 만주족을 제외하고는 사용하는 인구가 거의 없는 '죽어가는 언어(dying language)'가 되었다.

만문 자모(字母)와 전사법(轉寫法)

만주 문자는 위에서 아래로 세로로 내려쓰며 왼쪽에서 오른쪽으로 진행된다. 또 같은 글자라도 한 단어 안에서 어느 위치에 놓이느냐에 따라 모양이 달라지는데 이는 만주어가 아랍 문자의 영향을 받았음을 보여준다. 또 기본적으로 자모 문자의 성격을 가지고 있지만 완전한 음소 단위의 문자가 아니라 음절 문자적인 속성을 지니고 있다. 만주 문자는 모음 6개, 자음 19개이고 이 외에 한어 및 기타 외래어의 음가를 표기하기 위한 특수문자 10개를 합쳐 모두 35개의 자모를 가지고 있다. 현재 국제적으로 묄렌도르프(Möllendorff) 방식의 로마자 전사법(transliteration)이 통용되고 있으며 필요에 따라 국제 음성 기호를 보충적으로 사용하기도 한다.

제 1 강
모 음

단모음은 **a, e, i, o, u, ū,** 여섯 개로 구성되어 있다.

양성모음 a, o, 음성모음 e, u, 중성모음 i 에 의한 모음조화가 존재하지만 엄격한 것은 아니다.

로마자 표기	국제음성 기호	어두형	어중형	어말형	단독형
a	/a/				
e	/e/				
i	/i/				
o	/o/				
u	/ʊ/				
ū	/u/				

이중모음에는 ai, ei, oi, ui, io, oo가 있다.
oo는 o의 장모음으로 해석되기도 한다.

[a]

로마자 표기	단독형	어두형	어중형	어말형
a	᠊	᠊	᠊	᠊ ᠊

모음 a는 한국어의 [아]와 유사하다

모음 a 는 어말형이 ᠊ 와 ᠊ 형으로 두 가지이다. ᠊는 b, p, k', g', h' 의 어말형에만 결합한다. 그 외의 자음에서는 모두 ᠊ 형태로 나타난다.

쓰기 연습

amba	ama	jalan	nadan
크다	아버지	세대, 마디	숫자 7

[e]

로마자 표기	단독형	어두형	어중형	어말형
e	᠊	᠊	᠊ ᠊	᠊ ᠊ ᠊ ᠊

모음 e는 한국어의 [어]와 유사하다.

모음 e의 어중형은 ㅓ, ㅏ 두 형태인데, ㅓ는 t, d, k, g, h 의 뒤에, ㅏ는 그 외의 모든 자음의 뒤에 결합하여 나타난다.

e의 어말형은 네 가지 형태이다.

는 k, g, h 의 뒤에, 는 b, p 와 결합하여 나타난다.

는 t, d의 뒤에, 는 기타 자음과 결합하여 나타난다.

✏️ 쓰기 연습

ejen	yen	dele	age	se
주인, 황제	오르막길	위[上]	형	나이

[i]

로마자 표기	단독형	어두형	어중형	어말형
i				

모음 i 는 한국어의 [이]와 유사하다.

모음 i 의 어중형은 세 가지이다.

i 앞에 다른 모음이 있을 때 또는 로 나타나며, 자음 뒤에는 의 형태로 나타난다.

모음 i 의 단독형은 두 가지이다.

ᡳ는 인칭대명사 중 3인칭 단수를 나타낼 때와 한자음을 표기할 때 사용하며, ᠊ᡳ는 속격조사를 표기할 때 사용한다.

모음 i 와 결합하는 이중모음은 ai, ei, oi, ui, ūi 5가지이다.

쓰기 연습

ice	sain	erin	biya	jai
새로운, 처음	좋다	시기, 시각	달[月]	두 번째, 다시

[o]

로마자 표기	단독형	어두형	어중형	어말형
o				

모음 o는 한국어의 [오]와 유사하다.

이중모음 oo의 경우 o 의 장음으로 발음되기도 한다. 그러나 한어에서 차용된 어휘일 경우 대부분 [au]로 발음된다.

hooš an	boo	moo
종이	집	나무

✏️ 쓰기 연습

omo	deo	bolori	hoton
호수	남동생	가을	성, 도시

[u]

로마자 표기	단독형	어두형	어중형	어말형
u				

모음 u는 한국어의 [우]와 유사하다.

모음 u의 어중형은 ᠊ᡠ와 ᠊ᡠ᠋ 두 가지 형태가 있다.

t, d, k, g, h 와 결합할 때에는 ᠊ᡠ 형태로 쓰이며, 이외의 자음에서는 ᠊ᡠ᠋ 형태로 쓴다.

u의 어말형은 ᠊ᡠ, ᠊ᡠ᠋, ᠊ᡠ, ᠊ᡠ 네 가지 형태가 있다.

✏️ 쓰기 연습

ula	kumun	muse	usiha
큰 강, 울라부	음악	우리	별[星]

[ū]

로마자 표기	단독형	어두형	어중형	어말형
ū				

모음 ū는 [ū] 혹은 [ʊ]와 같은 소리였다고 추측된다.
ū는 대부분 g, k, h 자음 뒤에 나타난다.

✏️ 쓰기 연습

gūsa	jakūn	halhūn	šahūrun	tanggū
기(旗)	숫자 8	뜨거운	차가운	숫자 100

초 급
만주어

제 2 강
자 음

만주어 자음 표

로마자 표기	국제음성기호	어두형	어중형	어말형
n	/n/			
k	a, o, ū 앞에서는 /q/			
	e, i, u 앞에서는 /k/			
	/q/			
g	a, o, ū 앞에서는 /ɣ/			
	e, u, i 앞에서는 /g/			
h	a, o, ū 앞에서는 /χ/			
	e, u, i 앞에서는 /x/			
b	/b/			
p	/p/			
s	/s/ i 앞에서는 [ʃ]			
š	/ʃ/ i 앞에서는 [ş]			
t	/t/			

로마자 표기	국제음성기호	어두형	어중형	어말형
d	/d/	ꦗ ꦗ	ꦴ ꦴ	
l	/l/	ㅗ	ㅜ	ㅗ
m	/m/	ㅗ	ㅜ	ㅅ
c	/tʃ/	ㄴ	ㄴ	
j	/dʒ/	ㄱ	ㄴ	
y	/j/	ㄱ	ㄱ	
r	/r/	ㄱ	ㄱ	ㅓ
f	/f/	ㅜ ㄱ	ㅗ ㄱ	
w	/w/	ㄱ	ㅓ	
ng	/ŋ/		ㅊ	ㅋ

[n]

로마자 표기	어두형	어중형	어말형
n	ᠨ	ᠨ ᠨ	ᠨ ᠨ

자음 n은 한국어의 [ㄴ]과 유사하다.

n의 어중형태는 ᠨ, ᠨ 두 가지 형태가 있다. 어중의 n 뒤에 자음이 올 때에는 ᠨ으로, 모음이 올 때에는 ᠨ의 형태로 나타난다.

n의 어말형태 또한 ᠨ, ᠨ 두 가지 형태인데, 대부분 ᠨ형태를 쓰며, 한자음을 표기할 때에만 ᠨ형태가 사용된다. han(汗)의 경우 양자를 모두 사용한다.

* n의 어말형은 a의 어말형과 유사하여 aa, oa 등으로 혼동할 수 있으니 유의해야 한다.

✏ 쓰기 연습

na	nergin	aniya	non	nure
땅, 대지	기회	년(年)	여동생	누룩으로 만든 술[黃酒]

tana	nikan	nadan	nioron	nene
진주	한인(漢人)	숫자 7	무지개	먼저 하라

[k]

로마자 표기	어두형	어중형	어말형
k	᠊ᡴ᠊	ᡴ	ᡴ

자음 k는 한국어의 [ㅋ]과 유사하다.

k, g, h는 만주어의 다른 자음과 달리 양성모음과 음성모음과의 조합에 따라 어두형, 어중형, 어말형의 형태가 각각 다르게 나타난다. 양성모음인 a, o, ū 와 결합했을 경우와 음성모음인 e, u, i 와 결합할 때의 형태가 다르다. i 는 k 계열과 결합할 때 음성모음이 된다.

* k, g, h는 각 모음과 결합하는 형태가 다른 만큼 혼동하기 쉽지만 사용 빈도가 높으므로 문자 학습 초기에 잘 암기해 두어야 한다.

쓰기 연습

kalkan	bulukan	duka	keremu	uhuken	sike
방패	따뜻한	문(門)	성가퀴	부드러운	오줌
kiru	talkiyan	tongki	komso	tokombi	coko
깃발	번개	점(點)	적은	찌르다	닭

kubun	hukun	buleku	kūbulin	mukūn	sukū
면(綿)	먼지	거울	변화	친척	가죽, 피부

단어 안에서 음절의 끝 자음으로 쓰이는 k는 왼쪽에 점 두 개가 첨가된 모습으로 나타난다. 이는 한국어의 받침 [ㄱ]과 유사하다.

또한 이론상으로 음절 끝 자음은 양성모음의 뒤에, 은 음성모음 뒤에 위치하지만, 실제적으로는 양자가 혼용되어 쓰이는 경우가 매우 많다. 그 대표적인 예로 mukden(심양의 옛 이름 성경(盛京))[ ]이 있다.

어말형 은 어말의 k가 a, i, o, ū 의 뒤에 결합될 때 쓰인다. 다만 예외적으로 tek tek(왁자지껄 떠드는 소리) 에서는 모음 e 뒤에 사용된 모습을 찾아볼 수 있다.

쓰기 연습

akdun	cak seme	hasak	ekcin	okto
믿음	깔끔하게	카자흐	강기슭	약(藥)
hukšembi	dokdohon	sikse	feksimbi	tak
감격하다	솟아오른	어제	달리다	똑똑, 톡톡

[g]

로마자 표기	어두형	어중형	어말형
g	ᡤ	ᡤ᠊	
	ᡬ	ᡬ᠊	

g는 한국어의 [ㄱ]와 유사하다.

* k와 마찬가지로 양성모음과 음성모음의 결합에 따라 형태가 다르게 나타나므로 주의해야 한다.

쓰기 연습

gašan	sargan	angga	gebu	eigen	age
마을	아내	입	이름	남편	형
giranggi	tulgiyen	cargi	goro	boigon	monggo
뼈	밖	저기, 저쪽	먼	호(戶), 가(家)	몽골
gurun	menggun	ninggu	gūnin	jugūn	tanggū
나라	은(銀)	위, 윗부분	생각	길	숫자 100

[h]

로마자 표기	어두형	어중형	어말형
h	ᡥᡠ	ᡥᠠ	
	᠊ᡥᠣ	᠊ᡥᠣ	

자음 h는 한국어의 [ㅎ]와 유사하다.

h는 만주어에서 유일하게 오른쪽에 동그라미가 첨가되는 문자이다.

* k, g와 기본 형태는 같으나 문자 오른편에 점이 아닌 동그라미가 있으므로 혼동하지 않도록 유의해야 한다.

✏️ 쓰기 연습

handu	ihan	aciha	hese	eihen	bithe
벼, 찹쌀	소	짐	교지, 칙령	나귀	글[文]

hibsu	coohiyan	buhi	holo	boihoji	orho
꿀	조선(朝鮮)	무릎, 털 없는 사슴 가죽	거짓	주인	짚

huwesi	emhun	mumuhu	hūlha	tarhūn	hashū
작은 칼	혼자	가죽 공	역적, 적	살찐	왼쪽

[b]

로마자 표기	어두형	어중형	어말형
b			

자음 b는 한국어의 [ㅂ]과 유사하다

* b의 어말형은 모음 [o]의 어말형과 혼동하지 않도록 주의한다.

쓰기 연습

bele	biya	dobori	buda	tob
쌀	달[月]	가을	밥	곧은

[p]

로마자 표기	어두형	어중형	어말형
p	ᡦ	ᡦ	

자음 p는 한국어의 [ㅍ]과 유사하다

p로 시작하는 단어들은 한자음을 차용했거나 의성어와 의태어를 나타낼 때 주로 쓰인다.

📝 쓰기 연습

pai	pei	pinggu	pojan	puseli
패(牌)	남을 비웃는 소리	사과	폭죽, 폭죽 놀이	가게

[s]

로마자 표기	어두형	어중형	어말형
s	ᠰ	ᠰ	ᠰ

자음 s는 한국어의 [ㅅ] 과 유사하다. 다만 si는 [ʃi]로 발음된다.

쓰기 연습

saikan	sejen	aisi	sohon	sukdun
좋은, 아름다운	수레	이익	황록색	숨, 공기, 기운

[š]

로마자 표기	어두형	어중형	어말형
š			

자음 š는 [ʃ]로 발음된다. ši는 외래음을 주로 나타내며 고유 만주어에서는 이 음절이 존재하지 않는다.

쓰기 연습

šumin	šeri	šoro	šušu	aššan
깊은	샘, 샘물	광주리, 바구니	수수[高粱]	움직임

[t]

로마자 표기	어두형	어중형		어말형
t	ᠣ	᠊ᡳ᠊	᠊ᡨ᠊	᠊ᡨ
	᠊ᡨ᠊	᠊ᡳ᠊		

자음 t는 한국어의 [ㅌ]과 유사하다.

t는 어두형과 어중형, 어말형이 각각 다른 형태로 나타나므로 주의가 필요하다.

모음 a, i, o의 앞에서는 ᠣ, ᠊ᡳ᠊ 가 결합하며 획의 끝이 막힌 동그란 형태이다.

모음 e, u, ū 앞에서는 ᠊ᡨ᠊, ᠊ᡳ᠊ 가 결합하며 획의 끝이 삐져나온 형태이다.

ta, to 오른편에 점을 찍은 형태는 da, do이므로 유의한다.

또한 어중형의 ᡨ 는 뒤에 바로 자음이 연속하는 t의 형태로, 모음 ū 형태와 혼동하지 않도록 주의해야 한다.

쓰기 연습

tacin	tetun	sati	tondo	temgetu
학문	용기(容器)	큰 숫곰	공평한	도장

bethe	tuttu	tuweri	hūturi	tugi
발	그러한	겨울	복(福)	구름

만주어 자음 표

로마자 표기	어두형	어중형	어말형
d	ᡩ	ᡩ	
	ᡩ	ᡩ	

자음 d는 한국어의 [ㄷ]과 유사하다.

모음 중 a, e, i, o, u와 결합한다. dū 형태는 존재하지 않는다.

t와 유사하지만 오른편에 점이 더해진 형태이다. ta, te, da, de 등의 어두형과 어중형을 혼동하지 않도록 주의해야 한다.

🖉 쓰기 연습

dabsun	dergi	dise	doron	duin
소금	위쪽	초고, 원고	도장[印]	숫자 4
hūda	dade	hūwangdi	okdombi	labdu
가격	처음에, 원래	황제	맞이하다	많다

[l]

로마자 표기	어두형	어중형	어말형
l			

자음 l은 한국어의 [ㄹ]과 유사하다.
l은 a, e, i, o, u, ū와 모두 결합한다.

✏️ 쓰기 연습

lala	lefu	lifa	molo	salu
끝	곰	깊이	단풍나무	수염

[m]

로마자 표기	어두형	어중형	어말형
m			

자음 m은 한국어의 [ㅁ]과 유사하다.
m은 획의 방향이 아래쪽으로 꺾이며, 자음 l과 획의 방향이 다르므로 혼동하지 않도록 유의한다.

🖉 쓰기 연습

manju	tumen	misun	morin	erdemu
만주	숫자 10,000	된장, 장(醬)	말[馬]	지혜, 덕(德)

[c]

로마자 표기	어두형	어중형	어말형
c	ᠴ	ᠴ	

자음 c는 한국어의 [ㅊ]과 유사하다.
c는 어중형과 어두형이 같은 형태로 나타난다.

🖉 쓰기 연습

caliyan	cecike	cimari	onco	cuwan
월급, 세금	참새	내일	넓은	배[船]

[j]

로마자 표기	어두형	어중형	어말형
j	ᠵ	ᠶ	

자음 j는 한국어의 [ㅈ]과 유사하다.

j는 어두형과 어중형의 형태가 다르다. 특히 이중모음 ii와 혼동하지 않도록 한다.

쓰기 연습

jabu	jeku	jiha	jortai	juwari
대답해라	곡식	돈	일부러	여름
akjan	injembi	mujilen	sonjo	ninju
천둥	웃다	마음	선택	숫자 60

[y]

로마자 표기	어두형	어중형	어말형
y	ᠶ	ᠶ	

y는 모음 a, e, o, u, ū와 결합한다. yi 형태는 존재하지 않는다.
y는 어두형과 어중형의 형태가 같다.

쓰기 연습

yasa	bayan	yeru	yooni	uyu
눈[眼]	부자	동굴	모두	녹송석(綠松石)

[r]

로마자 표기	어두형	어중형	어말형
r	ᠷ	ᠷ	ᠷ

자음 r은 영어의 [r]과 유사하다.
r의 어두형태는 있으나, 어두에 오지 않는다.

쓰기 연습

sara	dere	eberi	doro	niru
우산, 양산	얼굴, 방향	부족한	도(道)	화살

[f]

로마자 표기	어두형	어중형	어말형
f			

자음 f는 영어의 [f]과 유사하다.

fa, fe는 fi, fo, fu, fū과 어두형과 어중형의 형태가 다르다. fa, fe의 어중형이 변하는 것은 wa, we와 구분하기 위한 것으로, 양자를 혼동하지 않도록 유의해야한다.

쓰기 연습

fafun	feye	fi	forgon	fulgiyan
법률	상처	붓	계절	붉은

arfa	hife	ciyanfi	tofohon	sefu
귀리	피[稗]	연필	숫자 15	선생

[w]

로마자 표기	어두형	어중형	어말형
w	ᠸ	ᠸ	

w는 모음 a, e와 결합한다. wi, wo, wu, wū는 존재하지 않는다. fa, fe의 형태와 혼동하지 않도록 주의한다.

쓰기 연습

wang	waka	tuwa	juwe	weihe
왕(王)	~이 아니다	불[火]	숫자 2	치아, 뿔

[ng]

로마자 표기	어두형	어중형	어말형
ng		ᡢ	ᡢ

ng는 어두에 위치하지 않는다.
어중형의 ng 다음에는 주로 자음 k, g가 나온다.

쓰기 연습

inenggi	guwang dung	mangga	beging	singgeri
날[日]	광둥[廣東]	어려운	베이징	쥐

이중모음

만주어에는 ao, oo, eo, io, ai, ei, oi, ui, ūi, ii 총 10가지의 이중모음이 있다.
이 중 ao와 oo (한어에서 유래한 경우)는 [au]로 발음된다.

쓰기 연습

wakao	moo	heoledembi	bio	baita
아니한가?	나무	게을리 하다	있는가?	일[事]

meifen	boigon	suiha	hūi seme	lii
목	호(戶)	쑥	어질어질 (어지러운 모양)	성씨 李

그 외에 모음과 반모음의 결합으로 <모음+w+모음> niowanggiyan(푸른색), <모음+y+모음> uyun(숫자 9) 형태로 나타나는 단어들이 있다.

자음 체계

	순음	치조음	경구개음	연구개음
파열음, 파찰음	p b	t d	c j	k g
비음	m	n		ng
마찰음	f	s	š	h
탄음		r		
설측음		l		
반모음	w		y	

- s는 [s]이지만 i 앞에서는 [ʃ]로 소리난다.
- c, j는 각각 경구개 파찰음 [ʧ], [ʤ]이다.
- š는 [ʃ]이지만 i 앞에서는 [s]로 소리난다. ši는 만주어 고유 발음에 없다.
- k, g, h는 양성모음 a, o, ū 앞에서는 연구개음 [k], [g], [x]로, 음성·중성모음 e, u, i 앞에서는 구개수음 [q], [G], [χ]로 소리나는 것으로 추정된다.
- ng는 연구개 비음 [ŋ]을 나타낸다.

음소 배열의 특징

만주어는 음소 배열에서 다음과 같은 특징을 가진다.
- 차용어를 제외하고 t, d 뒤에 i가 오지 않는다.
- y 뒤에 모음 i가 오지 않는다.
- ū는 보통 k, g, h 뒤에 온다.
- ng는 음절 초에 오지 않는다. 또 어중의 ng는 k, g 앞에만 나타난다.
- 음절 말에 올 수 있는 자음은 b, m, t, n, r, l, s, k, ng이다.
- 대부분의 경우 음절 초 또는 음절 말에 자음이 연속되지 않는다.

제 3 강
특수문자

만문에서의 특수문자는 만주어 고유 발음에는 없는 외래어, 즉 한어나 몽골어 인명과 지명 등의 발음을 표기하기 위해 고안되었다.

특수문자표

로마자 표기	어두형	어중형	어말형	단독형
k'	ᠺ	ᠺ		
g'	ᡬ	ᡬ		
h'	ᡭ	ᡭ		
ts'	ᡮ	ᡮ		
tsi	ᡯ	ᡯ	ᡯ	ᡯ
dz	ᡯ	ᡯ		
dzi	ᡰ	ᡰ	ᡰ	ᡰ
ž	ᡱ	ᡱ		
ži	ᡱ	ᡱ	ᡱ	ᡱ
jy	ᡷ	ᡷ	ᡷ	ᡷ
cy	ᡲ	ᡲ	ᡲ	ᡲ
sy	ᡵ	ᡵ	ᡵ	ᡵ

1. 특수자음 k', g', h'는 모음 a, o와만 결합한다. 만주어의 k, g, h가 a, o와 결합할 때 표현되지 않는 한어나 기타 외국어의 k, g, h음을 나타내기 위한 것이다. 주로 한어 및 기타 외국어, 의성어 등에 쓰인다.
2. ts'는 한어 [c]의 음과 같다. 한어에서 [c] 발음은 설치음으로 혀끝을 윗니 아래에 대고 발음을 하는데 만주어에는 원래 이 발음이 없다. 예컨대 한어 猜[cai], 崔[cui]의 [c] 발음과 같다. ts'는 모음 a, e, i, o, u와 결합해 ts'a, ts'e, ts'o, ts'u로 전사하는데 i와 결합할 때에는 글자의 모양이 바뀌고 전사는 tsi로 한다.
3. dz는 한어 [z](=[ts])의 음과 같다. 예컨대 한어 子[zi], 租[zu]의 [z] 발음과 같다. dz는 모음 a, e, i, o, u와 결합해 dza, dze, dzi, dzo, dzu로 전사한다.
4. ž는 한어 권설음 [r]의 음과 같다. 권설음은 혀의 끝부분을 위로 말아 올려 내는 발음이며 한어 然[ran], 人[ren], 日[ri]의 [r] 발음을 예로 들 수 있다. ž도 모음 a, e, i, o, u와 결합해 ža, že, ži, žo, žu로 전사한다.
5. sy는 한어 [si]의 음과 같다. 한어 四[si]의 발음과 같다.
6. c'y는 한어 권설음 [chi]의 음과 같다. 한어 吃[chi] 발음과 같다.
7. jy는 한어 권설음 [zhi]의 음과 같다. 한어 制[zhi], 直[zhi] 발음과 같다.

초 급
만주어

제 4 강

전사연습

ᠰᡳ			ᡶᠠ		
ᡶᠠ			ᡶᡝ		
ᡶᡳᡥᡝ			ᡶᡳᡥᡝ		
ᡶᠣ			ᡶᡠ		
ᡶᠠᡴᠠ			ᡤᠣ		
ᡶᡠᠩ			ᡶᡠᠯᡥᡠ		
ᡶᠣ			ᡶᠣᡥᠣ		

ᠪᠣᠯᠣᠭᠰᠠᠨ				ᠲᠡᠷᠡ		
ᠲᠡᠷᠡ				ᠲᠡᠭᠦᠨ		
ᠲᠡᠷᠡ				ᠲᠡᠳᠡ		
ᠪᠣᠯᠣᠭᠰᠠᠨ				ᠲᠡᠷᠡ		
ᠲᠡᠳᠡᠨ				ᠲᠡᠭᠦᠨ		
ᠲᠡᠳᠡᠨ				ᠲᠡᠳᠡᠨ		
ᠮᠢᠨᠦ				ᠮᠢᠨᠦ		

ᡦᡠᠰᡝ				ᠰᡠᠰᡝ			
ᡦᡠᠵᡠᡵᡠ				ᠰᡠᠪᠠᡵᡤᠠᠨ			
ᡦᡠᠵᡠᠨ				ᠰᡠᠳᡠᡵᡳ			
ᡦᡠᡧᡠᡵᡠ				ᠰᡠᠨᠵᠠ			
ᡦᠣ				ᠰᡳᠯᡝ			
ᡦᠣᠵᠠᠨ				ᠰᡳᠵᠠᠨ			

제4강 전사연습

ᠰᠠᡳᠨ				ᠪᡝᠶᡝ			
ᡥᡝᠨᡩᡠᠮᠪᡳ				ᠰᠠᠷᠠᠰᡠ			
ᠰᠠᡳᠰᠠ				ᠨᡳᠶᠠᠯᠮᠠ			
ᡤᡳᠰᡠᠨ				ᠰᠠᡳᠶᡡᠨ			
ᠪᠠᡳᡨᠠ				ᠰᡝᠮᠪᡳ			
ᡝᠮᡠ				ᠪᡝᠶᡝ			

ᠰᡠᠩᡤᠠᡵᡳ				ᡳᠯᠠᠨ			
ᠨᡳᡴᠠᠨ				ᡨᠠᠩᡤᡡ			
ᡤᡠᠰᠠᡳ				ᡨᡠᠨ			
ᡠᠰᡳᠨ				ᠰᡠᠵᡝ			
ᡨᡠᠨ				ᡝᠮᡠ			
ᠰᠣᠯᡥᠣ				ᠨᡳᠣᠸᠠᠩᡤᡳᠶᠠᠨ			

[illegible]				[illegible]			
[illegible]				[illegible]			
[illegible]				[illegible]			
[illegible]				[illegible]			
[illegible]				[illegible]			
[illegible]				[illegible]			

ᡶᠣᠩᡴᠣ			ᡤᠠᠰᡥᠠᠨ			
ᡥᠣᠩᡴᠣ			ᡤᠠᠨ			
ᡴᠠᠨ			ᡩᠣᠩᡤᠣᠨ			

전사연습 답안

- **anakū**　열쇠
- **ama**　아버지
- **eme**　어머니
- **ula**　① 큰 강 ② 해서여진 중 울라부 ③ 차역·관차
- **manju**　만주
- **monggo**　몽고
- **nikan**　한인
- **amba**　크다
- **amban**　대인(大人)·대신(大臣), 크다
- **bira**　강
- **boco**　색깔
- **jembi**　먹다
- **tob**　옳은, 정직한, 장엄한, 공정한, 확실히, 딱(tob seme)
- **simbe**　너를
- **ucarambi**　만나다, 조우하다
- **ici**　① 쪽, 편, 방향 ② 오른쪽 ③ ~에 따라서(속격조사 i의 뒤에 온다)
- **ice**　① 새로운, 처음의 ② 음력의 매월 1일 ③ 매월 초순 ④ 숙련되지 못한
- **onco**　넓은, 관대한, 마음이 넓은
- **jalan**　① 관절, 뼈마디, 대나무 등의 마디 ② (불교) 세계, 세상 ③ 세대, 시대 ④ (팔기의 부대단위) 잘란[甲喇], 참령(參領)
- **jecen**　① (부족) (지명) 저천[哲陳] (청 초기 부족명. 건주여진의 부락 가운데 하나. 현재 요녕성(遼寧省) 신빈현(新賓縣) 남쪽에 위치) ② 변경

☐	**ulhimbi**	알다, 알아채다
☐	**geli**	또, 게다가, 거기에, 다시
☐	**niyalma**	사람
☐	**inu**	① (조사) ~도, ~ 또한 ② (부사) 또한 ③ (형용사) 옳은, 좋은 ④ (명사) 옳음 ⑤ (조동사) ~이다, 바로 그것이다 ⑥ (감탄사) 그렇다, 네, 옳다, 맞다(동의하거나 긍정하는 대답)
☐	**mangga**	① 어려운, 곤란한 ② (재질이) 딱딱한, 부드럽지 않은 ③ 센, 힘이 센, 힘이 강한, 의지가 강한 ④ 뛰어난, 우수한, 능숙한 ⑤ 가격이 비싼 ⑥ 쉬운, 쉽게 하는 ⑦ 얼굴 가죽이 두꺼운, 마음이 독한 ⑧ 강한 사람 ⑨ (계량 단위) 한 모금, 한 입
☐	**gisun**	① 말, 언어 ② 문구 ③ 북채
☐	**bithe**	① 글, 책, 문서 ② 서신, 편지
☐	**bethe**	① 재산 ② 발, 다리 ③ 갈대
☐	**gurun**	① 나라, 국인, 조정 ② 부락
☐	**sarkū**	sambi(알다, 이해하다)의 부정어, '모르다'
☐	**gisurembi**	말하다, 논의하다
☐	**hendumbi**	말하다
☐	**dahame**	~을 따라서, ~에 따라서, 그러므로
☐	**tacimbi**	배우다, 공부하다, 학습하다
☐	**kūbulimbi**	바뀌다. 변화하다
☐	**juwe**	둘, 숫자 2
☐	**biya**	달, 월
☐	**omšon**	11월
☐	**jorgon**	12월
☐	**forgon**	① 철, 때 ② 왕조 ③ 천명　　*duin forgon 사계절

☐ golo	① 물길, 물꼴, 강의 몸통, 하신(河身), 하상(河床) ② 지방, 지역 ③ (행정구역) 성(省) ④ 골로 (여진 시기 aiman/부(部)의 하부 단위. 로(路)로 한역(漢譯))	
☐ juhe	얼음	
☐ sikse	어제	
☐ onggolo	앞서, 이전의	
☐ komso	적은, 작은	
☐ gidambi	누르다, 격퇴하다	
☐ ekšembi	서두르다, 당황하다	
☐ golmin	① 긴 ② 오랜 시간의, 장구한	
☐ feksimbi	달리다, 뛰다, 질주하다	
☐ gūnin	생각, 마음, 생각, 의지, 뜻	
☐ hukšembi	① 머리에 이다, 얹다, 짐을 싣다, 씌우다 ② 감격하다 ③ 종기가 부어오르다 ④ 곡식 뿌리에 흙을 북돋다	
☐ uheri	모두, 전부, 약, 대략, 합계	
☐ okto	약(藥)	
☐ ineku	바로 그, 처음의, 원래의 (대개 앞에서 말한 사물이나 사람을 다시 강조하여 말할 때 사용한다)	
☐ wacihiyame	죄다, 모두 * wacihiyambi 끝을 맺다, 끝내다, 완결하다. 다 써버리다. 다하다. 처리하다.	
☐ ishunde	서로, 상호	
☐ halhūn	뜨거운, 더운	
☐ dehi	숫자 40	
☐ tacin	습관, 풍속, 학문, 배움, 학습	
☐ tacikū	학교	

- □ **tugi** 구름
- □ **tondo** 공평한, 충의로운, 정직한, 곧은
- □ **hoton** 도시, 성(城)
- □ **nukte** 방목지, 유목지, 수초(水草)가 있는 곳
- □ **temgetulembi** ① 남이 잘한 일을 칭찬하여 알리다, 표창하다, 정표(旌表)하다
  ② 증명하다, 부호를 붙이다
- □ **hūturi** 복(福)
- □ **talkiyan** 번개
- □ **tuweri** 겨울
- □ **juwari** 여름
- □ **bolori** 가을
- □ **niyengniyeri** 봄
- □ **tuwakiyambi** 감시하다, 지키다
- □ **dergi** ① 윗쪽 ② 동쪽 ③ 왼쪽 ④ 높은 ⑤ 임금, 주상(主上)
- □ **dogon** 나루터
- □ **nadan** 일곱, 숫자 7
- □ **buda** 밥
- □ **mederi** 바다
- □ **okdombi** ① 맞이하다 ② 맞아 싸우다, 맞아 대적하다
- □ **suduri** 역사
- □ **erde** 아침 일찍, 해뜨기 전
- □ **dulin** 절반
- □ **songkolome** ~에 따라, 의거하여
  *songkolombi 따라하다, 본받다, 의거하다

제 5 강
인 사

1

A: si saiyūn?

B: sain, si sain nio?

A: beye dursun sain nio?

B: umesi sain.

A: hanciki de sain yabume biheo?

B: sain yabumbi, damu majige ekšere dabala.

A: 안녕하세요?

B: 잘 지냅니다. 안녕하세요?

A: 건강은 좋으신가요?

B: 매우 좋습니다.

A: 요즘 잘 지내십니까?

B: 잘 지냅니다. 다만 조금 바쁠 뿐입니다.

단 어

- **si**　　　　당신, 너
- **sain**　　　좋다
- **beye**　　　몸, 친히, 스스로
- **dursun**　　모양, 모습
- **umesi**　　매우, 심히
- **hanciki**　　근래, 가까이
- **yabumbi**　가다, 행하다
- **bimbi**　　있다
- **damu**　　단지, 다만
- **majige**　　조금
- **ekšere**　　기본동사 ekšembi(바쁘다)의 미래형
- **dabala**　　기껏, ~일 뿐

문장 구조

si　　saiyūn ?
당신　안녕하십니까?
　　　sain 좋다, 잘 + yūn 의문형어미

sain,　　si　sain nio ?
좋습니다.　당신 안녕하십니까?
　　　　　　　nio; 의문형 조사

beye dursun sain nio ?
몸　상태/모양 좋습니까?

umesi sain.
매우　좋습니다.

hanciki de sain yabume biheo?
근래 　 에 　 잘 　 지내고 있습니까?(bihe 있었다 + o 의문형)

sain　yabumbi,　damu　　majige　ekšere　<u>dabala</u>.
잘　　지냅니다.　　다만/단지　조금　　바쁠　　뿐입니다.
　　　　　　　　　　　　　　　　　　dabala; ~일(할) 뿐

2

A: sini hala ai?
B: mini hala aisin gioro.
A: ere aniya udu se?
B: bi gūsin emu se.

A: 당신의 성은 무엇입니까?
B: 나의 성은 아이신 기오로입니다.
A: 올해 몇 살입니까?
B: 서른한 살 입니다.

단어

- hala 성
- ai 무엇
- mini 나의
- ere 이(것)
- aniya 년, 해
- ere aniya 올해
- udu ① 몇, 얼마, 얼마나 ② 비록 (~cibe와 상응)
- se 歲, 살
- bi 나
- gūsin emu 31   gūsin 30   emu 1

* aisin gioro 아이신 기오로[愛新覺羅], 청 황실의 성씨.

문장 구조

<u>sini</u> hala ai?
당신의 성(姓) 무엇입니까?
(2인칭 속격)

<u>mini</u> hala aisin gioro.
나의 성(姓)은 아이신 기오로입니다.
(1인칭 속격)

ere aniya udu se?
이 해(年) 몇 살입니까?

bi gūsin emu se.
나는 서른 한 살입니다.

문법 사항

1 대명사

① 지시대명사

단수	복수
ere 이(것)	ese 이(것)들
tere 그(것)	tese 그(것)들

② 인칭대명사

	주격	속격(의) i / ni	목적격(을) be	여위격 (에, 에게) de	탈격(로부터) ci
1인칭 단수	bi	mini	mimbe	minde	minci
1인칭 복수 *(제외형)	be	meni	membe	mende	menci
1인칭 복수 *(포괄형)	muse	musei	muse be	muse de	muse ci
2인칭 단수	si	sini	simbe	sinde	sinci
2인칭 복수	suwe	suweni	suwembe	suwende	suwenci
3인칭 단수	i tere	ini terei	imbe terebe	inde terede	inci tereci
3인칭 복수	ce tese	ceni tesei	cembe tesebe	cende tesede	cenci teseci

*1인칭 복수 제외형은 일반적으로 청자를 제외한 형태이며 포괄형은 청자를 포괄한 형태이다.

2 수사

	基數詞	序數詞(~번째)	개별수사(~개씩)
1	emu	emuci	emte, emute
2	juwe	juweci	juwete
3	ilan	ilaci	ilata
4	duin	duici	duite
5	sunja	sunjaci	sunjata
6	ninggun	ningguci	ninggute(-ta)
7	nadan	nada(n)ci	nadata
8	jakūn	jakūci	jakūta
9	uyun	uyuci	uyute
10	juwan	juwanci	juwa(n)ta
11	juwan emu	juwan emuci	juwan em(u)te
15	tofohon	tofohoci	tofohoto
20	orin	ori(n)ci	orita
30	gūsin	gūsici	gūsita
40	dehi	dehici	dehite(-ta)
50	susai	susaici	susaita
60	ninju	ninjuci	ninjuta(-te)
70	nadanju	nadanjuci	nadanjuta(-te)
80	jakūnju	jakūnjuci	jakūnjute(-ta)
90	uyunju	uyunjuci	uyunjute
100	tanggū	tanggūci	tanggūte(-ta)
1,000	minggan	mingga(n)ci	minggata
10,000	tumen	tumenci	tume(n)te

3 의문형

1) 의문사

    ① 의문대명사 we, ya, ai
    we: 사람에게 쓰인다. '누구'
    ya: 사람과 물건에 모두 쓰일 수 있다. '누구' 혹은 '무엇'
    ai: 물건에 쓰인다. '무엇'

    ② 의문형용사
    antaka : 어떠한가, 어떤
    ainara : 어떤 형편(모양)인가, 어떠한가
    ainaha : ainambi의 완료형, 어떠한가, 어찌

    ③ 의문부사
    udu : 몇   ainu : 어찌하여, 왜   atanggi : 언제, 어느 때
    adarame : 어찌하여, 어떻게   absi : 어떻게, 어디에

    si ya ba i niyalma? 당신은 어디(ya ba 어느 곳·지방) 사람입니까?
    ere niyalma antaka? 이 사람은 어떤가요?
    ere aniya udu se? 올해 몇 살입니까?
    ere aniya jeku antaka? 올해 곡식(작황)이 어떠합니까?
    si absi genere? 당신은 어디 갑니까?

2) 의문사가 없는 의문문

    ① 의문어미 –o
    의문사가 없는 의문문에는 문장 끝에 의문접미사인 –o를 붙인다.
    hanciki de sain yabume biheo? 근래에 잘 지내셨습니까?

    ② -nio
    -nio는 원래 강조의 의미를 더하기 위해 문장 끝에 붙이는 후치사 ni에 의문접미사 –o를 붙인 것으로 볼 수 있다.

③ 의문조동사 akūn '아닌가?'

4 격조사

1) **주격(이, 가)**: 원칙적으로 만주어에 주격조사는 존재하지 않지만 종속절 중에 i, be가 주격을 표시하는 경우가 있다.

① -i 는 속격이지만 주격을 표현할 때가 있다.

mafa**i** tehe susu
조상이 살았던 고향

nenehe han **i** tun de unggihe bithei gisun
선대 한(汗)이 섬에 보낸 글의 말

② be는 원래 대격(목적격)조사인데 주격으로 쓰이는 경우가 있다.
대부분 고하다, 듣다, 생각하다, 말하다 등의 동사와 연결된 경우가 많으며 강조(대조)의 의미를 갖는다.

han **be** boode bedereki seme henduhe manggi
한이 집에 돌아가겠다고 말하자

amba niyalmai karu bithe de, acara doro be mim**be** gūni sehebi.
대인의 답신에 화친을 우리가(우리에게) 생각하라고 했었다.

③ -oci는 ombi의 조건을 나타내는 형태이지만 명사 뒤에 오는 경우 '~가 되어(~가 된 자가)'의 의미로 쓰일 때가 있다. 이런 역할은 serengge도 가지고 있다.

hadai gurun i wan han **oci** etu arui uyun hūlha be waha sembi.
하다국의 완한이라는 자가 어투, 아루이라는 아홉 명의 도적을 죽였다고 한다.

2) **속격(屬格)(의)** : 소유의 의미를 뜻하는 격조사에는 -i, -ni가 있다. -ni는 명사가 -ng로 끝날 때(주로 차용어) 사용된다. 이 경우 반드시 앞의 단어와 띄어쓴다.

sini salu gemu šaraka kai.
너의 수염이 모두 하얗게 변했구나!

amba gurun **i** cooha kemuni daiming **ni** jase furdan be dosime dailanambi kai.
대국의 병사가 여전히 대명의 변경 관문을 들어가 정벌한다.

dartai andande boo **i** duka bade isinafi
순식간에 집의 문 (곳)에 이르러

3) 여위격(與位格)(에, 에게, 에서, (할 때)에): -de. 체언과 술어의 관계를 한정하는 격조사 중 행위가 행해진 시간·공간적 위치관계, 행위의 귀착점, 또는 행위가 행해진 이유, 동작 주체 등을 나타내는 것을 여위격이라고 한다. 여위격을 나타내는 격조사는 de가 있는데 de는 앞의 어휘와 연접해서 쓰는 경우도 있고 독립해서 단독으로 쓰는 경우도 있다.

da**de** 처음에(처음으로)

ninggu**de** 위에

si fi jafara **de**
네가 붓을 잡을 때에

dartai andande gebungge aba abalara alin **de** isinafi
순식간에 유명한 수렵하는 산에 이르러

▶ sere, sehe, bisire, bihe, ojoro, oho 등과 결합해 가정의 의미를 나타낼 때도 있다.
serede(말하니, 말할 때에), sehede(말했으니, 말했다면), bisirede(있다면), bihede(있었다면, 있었을 때), ojorode(~하니), ohode(~했다면)

4) 대격(對格)(을): 목적격. -be.

yasa derike **be** serebumbi.
눈이 노안이 된 것을 느낍니다.

tere**be** gaifi gene.
그것을 가져가라.

musei aba faidan **be** hahilame bargiya.
우리의 수렵 부대를 빨리 거두어라.

emke injeme hendume ere hehe **be** bi takara adali.
한 사람이 웃으며 말하길 "이 여자를 내가 알아볼 것 같다"

sunja tanggū boigon **be** emu tanggū cooha **be** tuwakiyabufi
500家를 100명의 군사에게(로 하여금) 지키도록 하여

▶ <주의> be의 용법: be는 기본적으로 목적격 '~을'의 의미로 사용되지만 앞에서 살펴본 것과 같이 경우에 따라 주격으로 사용된다. 주로 대조 혹은 강조할 때 사용된다. 그 외에 격조사가 아닌 인칭대명사 '우리'(청자는 제외)의 의미를 갖는 be가 있으므로 해석할 때 주의해야 한다. 한편 사역동사와 함께 쓰일 때 '~로 하여금(~에게…시키다)'의 뜻을 나타낸다.

(5) 구격(具格)(으로, 으로써): 도구격. -i, -ni, -ci, -de 등이 있다. 체언과 술어 관계를 한정하는 격조사 중 행동이 행해지는 수단, 도구, 재료 등을 나타내는 격이 구격이다. 구격을 나타내는 격조사는 -i, -ni가 있는데 드물게 ci, de가 사용되기도 한다.

amba jilgan **i** acinggiyame, den jilgan **i** uculeme
큰 소리로 흔들고, 높은 소리로 노래하며

sini ehe **de** gurun efujehe, irgen joboho.
너의 악함으로 나라가 망하고 백성이 고통스러웠다.

han i hūturi **de**, jase i hoton be hūlhame afafi gaiha.
汗의 복으로 변경의 성을 몰래 공격해 취했다.

(6) 탈격(奪格)(으로부터): -ci. ~로부터, ~에서부터, ~보다
체언과 술어 관계를 한정하는 격조사 중 행동이 행해지는 시간·공간의 기점(起點)을 나타내거나 사물과 사물의 비교·대조를 나타내는 격조사가 탈격

이다.

ubaci goro akū.
여기서 멀지 않다.

i minci se ahūn.
그가 나보다 나이가 형이다.

mini hebe gūwa ci encu.
나의 계략은 다른 이와 다르다.

meni yasa ci lakcafi encu.
저희의 눈과 현격히 다르십니다.

(7) 연격(沿格): -deri. ~를 거쳐서, 통해서
체언과 술어 관계를 한정하는 격조사 중 어느 행동이 어느 장소를 통과하거나 경유하여 행해지는 뜻을 나타내는 격조사가 연격이다.

mukei jugūn deri jihe.
수로(水路)를 통해 왔다.

(8) 종격(終格)(-까지): -tala/tele/tolo. ~할 때까지, ~까지
시간적 혹은 공간적으로 사태가 이르는 한계를 나타낸다.

    eretele 여기까지

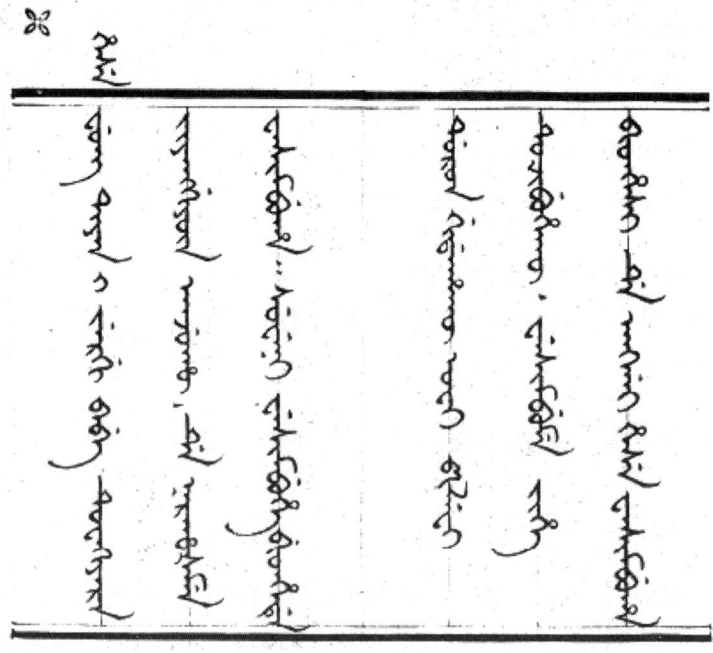

황제의 상유(上諭)

* 만주문자의 기본 형태는 몽골문자와 유사하다. 위에서 아래로 내려쓰며 왼쪽에서 오른쪽으로 진행된다.

제 6 강
나 이

1

A: si udu se?

B: gūsin emu se oho.

A: minci juwe se amba bihe,

　　bi giyan i simbe ahūn seci acambi.

B: sini haha jui udu se oho?

A: tere jui kemuni ajige, teni emu se duleke.

A: 당신은 몇 살입니까?

B: 서른한 살입니다.

A: 저보다 두 살 많군요. 제가 당신을 형이라고 불러야 하겠네요.

B: 당신의 아들은 몇 살입니까?

A: 아직 어립니다. 이제 한 살 지났습니다.

단 어

- **minci**   나보다, 나로부터, 나에게서
- **juwe**   2, 둘
- **amba**   크다 ↔ **ajige** 작다
- **giyan**   도리, 원리, 이치, 당연   **giyan i** 마땅히   **giyan giyan i** 조목조목
- **simbe**   2인칭 목적격, 너를
- **ahūn**   형 ↔ **deo** 동생
- **acambi**   만나다, 알맞다, 적당하다
- **haha**   남자   **jui** 아이   **haha jui** 아들
- **tere**   그(것)
- **kemuni**   늘, 언제나, 여전히, 아직
- **teni**   이제야, 비로소
- **duleke**   지났다(dulembi의 과거형)   **dulembi** 지나다, 넘다

문장 구조

si   udu se?
당신은 몇   살입니까?

gūsin emu se oho.
서른   한   살 되었습니다.

minci   juwe se amba bihe,
나보다(min+ci) 두 살 크다 ~이었다

bi giyan i   simbe ahūn   seci acambi.
내가 도리로써(마땅히) 당신을 형 이라고 말해야 마땅합니다 (-ci acambi)

sini   haha jui udu se <u>oho</u>?
당신의 남자 아이 몇 살 *되었습니까?

                     oho는 '되다'라는 뜻의 ombi의 과거형으로 '되었다'의 뜻이지만 앞에
                     '몇'이라는 뜻의 의문사 udu와 상응해 의문형이 된다.

tere jui kemuni ajige,   teni emu se duleke.
그 아이는 아직 작다/어리다 이제 막 한 살 지났습니다.

2

A: si te udu se?
B: bi susai emu se, gūlmahūn aniyangga.
A: si te ninju se dere, yasa derikebio?
C: bi te ninju se, mini yasa derifi ududu aniya ohobi.
A: muse manju sa yasa derikengge umesi ambula,
　　mini emgi sasa bihe gucuse gemu yasa derikebi.
C: mini yasa kemuni an, dengjan de narhūn hergen be kemuni tuwaci ombi.

A: 당신은 지금 몇 살입니까?
B: 저는 쉰한 살입니다. 토끼띠입니다.
A: 당신은 지금 예순 살 이던가요. 노안이 되셨습니까?
C: 저는 지금 예순 살입니다. 저의 눈은 노안이 된 지 몇 해 되었습니다.
A: 우리 만주인들은 눈이 노안이 된 사람이 매우 많습니다.
　　나와 함께했던 친구들이 모두 노안이 되었습니다.
C: 내 눈은 보통입니다. 등잔불에서 작은 글씨를 아직 볼 수 있습니다.

단 어

- **te**　　　　　지금
- **gūlmahūn**　　토끼
- **aniyangga**　　출생 해, 띠　　**aniya**　해, 年
- **dere**　　　　　추측형, ~이겠지
- **derike**　　　　노안이 되다

　　＊derike의 기본형은 derimbi이다. derimbi는 '변심하다', '노안이 되었다'라는 의미이다. 과거형 어미 -ke가 붙어 관용적으로 '노안이 되었다'라는 의미까지 포함한다.

- **muse**　　　　우리 (화자, 청자 모두 포함)
- **manju**　　　만주(만주인)　　**manju sa**　(manju의 복수형) 만주인들
- **ududu**　　　몇

- ☐ **emgi** 함께 **sasa** 함께, 일제히
- ☐ **gucu** 벗, 친구, 동료 **gucuse** gucu의 복수형
- ☐ **gemu** 모두
- ☐ **kemuni an** 보통, 평상대로
- ☐ **narhūn** 상세한, 자세한, 비밀의
- ☐ **hergen** 문자
- ☐ **tuwambi** 보다

문장 구조

si   te   ninju se dere,   yasa derikebio?
당신은 지금   60 세이지요(추측).   눈 노안이 되었습니까?

bi te ninju se,   mini yasa   derifi   ududu aniya ohobi.
나는 지금 60세입니다. 나의 눈은 노안이 되어서(된 지) 몇   해 되었습니다.

muse manju sa   yasa <u>derikengge</u> umesi ambula,
우리 만주인 들(복수형) 눈 *노안이 된 자 매우   많습니다
                              동사의 명사화: 동사+-ngge

mini emgi sasa bihe gucuse gemu yasa derikebi.
나의 함께 함께 했던 동료들 모두 눈 노안이 되었습니다

mini yasa kemuni   an, dengjan de narhūn hergen be kemuni <u>tuwaci ombi</u>.
나의 눈은 아직/여전히 보통입니다. 등잔(불)에서 작은 글씨 를   아직 *볼 수 있습니다.
                                                  tuwambi(보다)+ci ombi(~할 수 있다)

문법 사항

1 동사의 시제

1) 기본형(현재형) -mbi

2) 과거형 -ha/-he/-ho, -ka/-ke/-ko

　① 완료종지형, 즉 어떤 행동이 이미 행해졌음을 의미한다.

　　bonio erin de, ing de **isinjiha**.
　　신시(申時)에 영(營)에 이르렀다.

　② 연체형, 뒤의 명사를 꾸며준다.

　　etuhe etuku be **yaluha** morin be monggoso ucarafi durihe.
　　입었던 옷(을), 탄 말을 몽고인들이 조우하여 빼앗았다.

　　bi unenggi mujilen i **gūniha** babe wacihiyame gisurehe.
　　내가 진실한 마음으로 생각한 바를 전부 말했다.

▶ 대체로 기본형 -mbi에서 -mbi를 빼고 어근에 -ha/ka 등을 붙이지만 예외적인 불규칙동사들이 있다. 과거형에서 나타나는 불규칙 동사는 bahambi, dahambi 등이 있다.

　　bahambi - baha　　　　　dahambi - daha

3) 과거완료형 -habi/-hebi/-hobi, -kabi/-kebi/-kobi

　① 과거의 행동이 이미 행해졌음을 강조한다.

　　sini gurun efujeme **wajihabi** kai
　　너의 나라는 무너져 없어져버렸다.

　　jai emu ing ni cooha dobori burulame **genehebi**.
　　또 한 영(營)의 군사가 밤새 도망쳐 가버렸다.

② 과거의 동작이 끝난 상태가 지금도 계속되고 있음을 표시한다.

  aihu bira wesihun eyefi, dergi mederi de **dosikabi**.
  아이후 강은 동쪽으로 흘러, 동해로 들어간다.

  te mini beye amba cooha ilifi sini ba na de sektefi **jihebi**.
  지금 내 친히 대군을 일으켜 너의 땅에 뒤덮어(엄습해) 와있다.

4) 미래형 -ra/-re/-ro

주어가 3인칭일 경우 어떤 행동이 말한 시점에서 가까운 미래에 행해질 것을 추측하는 의미를 갖는다. 주어가 1인칭일 경우 가까운 장래에 어떤 것을 행할 것이라는 화자의 의지를 표시하며 주어가 2인칭일 경우에는 상대방에게 행할 것을 권유·장려하는 의미도 갖는다.

① 미래형

  tuttu oci bi baime **genere**.
  그렇다면 내가 찾으러 가겠다.

② 연체형, 뒤의 명사를 꾸며주면서 비완료적 의미를 갖는다.

  amban **ojoro** niyalma
  대신(大臣)이 될 사람

  suwe unenggi doroi jalin **gūnire** amban oci
  너희가 진실로 (치)도를 위해 생각하는 대신(大臣)이라면

  bi hanciki gurun i sain **banjire** doro be gūnime ekisaka bihe.
  내가 가까운 나라와 좋게(우호적으로) 살아가는 도를 생각해 가만히 있었다.

③ 의문형은 -ra/-re에 o를 붙인다. -rao/-reo

④ 부정형은 -rakū

⑤ 염려·의구(~할까 염려된다) -rahū

⑥ 접속사 anggala(~하기보다, ~하느니, ~하기는커녕), 종조사(終助詞) dabala(~일 뿐이다), 후치사 jakade(~하기 때문에), onggolo(~하기 전에), 종조사(終助詞) unde(아직 ~하지 않다)의 앞에 오는 동사는 반드시 ra/re 등 미래형을 사용한다.

nikan be dailara anggala
한을 토벌하느니

meni hendure anggala
우리가 말하느니

suweni jeku be jetere anggala, suweni emu moro muke be hono omirakū.
너희의 곡식을 먹기는커녕 너희의 한잔의 물도 마시지 않겠다.

dain ojoro jakade
전쟁이 된 까닭에

te elcin ambasa jidere jakade, be alimbaharakū urgunjembi.
지금 사신 대신들이 왔으므로 우리는 더할 나위 없이 기쁘다.

juhe tuhere onggolo hūdun unggi.
얼음이 녹기 전에 빨리 보내라.

weile mutere onggolo
일이 성사되기 전에

▶ 미래형이 불규칙하게 변형되는 동사로 다음과 같은 예들이 있다.
　bimbi 있다 - bisire 있는, 있을　　jembi 먹다 - jetere 먹는, 먹을
　jimbi 오다 - jidere 오는, 올　　　yumbi 탐닉하다 - yudere 탐닉하는
　ombi 되다 - ojoro 되는, 될

2 연결형어미 -fi/ -me/ -ci/ -cibe

1) -fi가 접미한 동사활용형은 동사의 완료연용형이다. 즉 한 동작이 끝나고 연속하여 다음 동작이 일어나는 경우이다. 또 어떤 동작이 행해져서 그 결과로 다음 행동이 행해지는 경우, 즉 연유를 표시하기도 한다.

   boode mari**fi**, buda je**fi**, tacikūde ji**fi** saikan bengsen be tacikini.
   집에 돌아가 밥을 먹고 학교에 와서 재주를 배우도록 하여라(배워도 좋다).

2) -me는 뒤에 오는 동사와 연속하여 비완료연용형을 이룬다. 어떤 행동이 다른 행동과 동시에 혹은 연속적으로 행해지는 것을 나타낸다.

   enteheme boo be tuwakiya**me** bimbio.
   영원히 집을 지키며 있겠는가?

   hoton i ejen wang du tang burula**me** gene**fi**, ini yamun de fasi**me** bucehe.
   성주 왕도당은 도망쳐 가서 그의 아문에서 목매 죽었다.

   jihe monggo i beise, han de niyakūra**me** hengkile**me** aca**me** wajiha manggi, amba sarin sirilaha.
   온 몽고 버일러들이 한에게 무릎 꿇고 고두(叩頭)하여 알현하기를 마치자 대연을 베풀었다.

   ▶ -me가 붙은 동사활용은 앞에 오는 동사의 목적을 나타낸다. 이 경우 뒤에 오는 동사는 장소의 이동을 나타내는 것에 한한다.

   muse de iselere nikan be wa**me** gai**me** yabu.
   우리에게 저항하는 한인을 죽이고 잡으러 가라.

   ▶ hendume(말하길), jabume(답하길), fonjime(묻기를), gūnime(생각하기를)
   ▶ funceme(남짓), isime(가까이)
      buya gašan orin isime bi. 작은 마을이 20개 가까이 있다.

3) -ci는 어떤 사실을 가정하여 조건으로 삼을 때 사용한다. 즉 '~하면', '~한다면' 등으로 해석될 수 있다. 또한 앞의 내용을 가정하거나 인정하지만 뒤의 내용에는 관계가 없거나 영향을 끼치지 않을 때에도 사용된다. 즉 '~한다 해도(~하더라도)'의 용법으로도 사용된다. 그리고 앞의 내용을 인정하면서 그와 반대되거나 다른 사실을 덧붙일 때에도 쓰인다. 이 경우 '~했지만', '했는데도' 등으로 해석할 수 있다.

> ji**ci** jikini, jiderakū**ci** bikini.
> 온다면 오게 하고 오지 않는다면 그대로 있게 하라.

> yaya niyalma be abka wehiyeme wesimbu**ci** hūwangdi ombi.
> wakalafi wasimbu**ci** irgen ombikai.
> 무릇 사람을 하늘이 도와서 귀하게 하면 황제가 된다.
> 질책하여 강등시키면 백성이 되는 것이다.

> bi buce**ci** mini sunja jui ilan omolo tese banjikini.
> 나는 죽더라도 내 다섯 아들, 세 손자 그들은 살게 하라.

> daha seme hūla**ci** daharakū ofi
> 항복하라고 외쳤지만 항복하지 않아서

> 그 외에 듣건대(donjici), 보건대(tuwaci), 살펴보건대(baicaci), 생각하건대(gūnici) 등 관용적으로 쓰이는 어휘가 있다.

4) 역접조건에는 -ci 외에 -cibe 접미사가 사용된다. 이 경우 가정(비록~한다 해도)과 기정(~하지만, 했지만)으로 해석된다. 대체로 문장 앞에 udu(비록)가 있어 이와 상응되지만 udu가 생략되는 경우도 있다.

> šutume hūwašafi manju nikan bithe udu majige taci**cibe**, šuwe hafu akū.
> 점점 자라 어른이 되어서 만문과 한문을 비록 조금 배웠지만, 깊이 통달하지는 않았다.

> susai isime feye baha**cibe** bederakū.
> 50군데 가까이 상처를 입었지만 퇴각하지 않았다.

3 명사의 복수형

1) –sa/se/si/so : 인물과 관계된 유정(有情)명사의 경우, 대개의 경우 모음조화의 원칙이 적용된다.

　　manju 만주 – manjusa 만주인들
　　šabi 제자 – šabisa 제자들
　　sakda 노인 – sakdasa 노인들
　　age 형 – agese 형들
　　gucu 벗, 동료 – gucuse 벗, 동료들
　　aha 노예 – ahasi 노예들
　　haha 남자 – hahasi 남자들
　　monggo 몽고 – monggoso 몽고인들

　▶ 명사의 어미가 -n, -i, -le, -lo인 경우 복수형에서 대체로 탈락된다. 다만 han은 예외이다.

　　amban 大臣 – ambasa 대신들
　　hafan 관원 – hafasa 관원들
　　irgen 백성 – irgese 백성들
　　jui 아이 – juse 아이들
　　beile 버일러[貝勒] - beise 버일러들
　　omolo 손자 – omosi 손자들
　　* han 칸[汗] - hansa 칸들

2) –ta/te : 가족관계

　　amji 백부 – amjita 백부들
　　nakcu 삼촌 – nakcuta 삼촌들
　　deo 아우 – deote 아우들
　　eme 어머니 – emete 어머니들

3) –ri

   mafa 조부, 선조 – mafari 선조들

   mama 친할머니 – mamari 할머니들

4) 여러 개의 복수형을 갖는 명사들

   urun – urusa, uruse

   agu – agusa, aguse

   nakcu – nakcusa, nakcuse, nakcute

5) 유정명사 이외의 가산명사는 앞에 기수를 붙여 다수임을 표시한다.

   meyen – tanggū meyen

   jaka – tumen jaka

4 dere의 용법

1) 강조의 용법

   bi sini emgi gucu arame geneci antaka uttu oci sain kai, muse sasari yoki **dere**.
   내 너와 함께 벗이 되어 가면 어떠한가. 이러하면 좋을 것이다. 우리 함께 가자.

2) 추측의 용법

   sinde fulingga bifi kušun ohobi**dere**.
   너에게 천명(天命)이 있어 배가 부르게 된 것이리라.

十干과 十二支

만주인들도 해를 표시할 때 십간(十干)과 십이지(十二支)를 사용했다. 십간, 즉 갑(甲), 을(乙), 병(丙), 정(丁), 무(戊), 기(己), 경(庚), 신(辛), 임(壬), 계(癸)를 만주어로는 녹색, 붉은 색, 황색, 백색, 흑색을 의미하는 단어들로 표시했다.

甲 niowanggiyan (녹색)
乙 niohon (옅은 녹색, 연초록)
丙 fulgiyan (붉은 색, 적색)
丁 fulahūn (옅은 홍색)
戊 suwayan (황색)
己 sohon (옅은 황색)
庚 šanggiyan (백색)
辛 šahūn (옅은 백색)
壬 sahaliyan (흑색)
癸 sahahūn (옅은 흑색)

십이지는 쥐(子), 소(丑), 호랑이(寅), 토끼(卯), 용(辰), 뱀(巳), 말(午), 양(未), 원숭이(申), 닭(酉), 개(戌), 돼지(亥)를 의미하는 단어를 사용한다.

子 singgeri 쥐	丑 ihan 소	寅 tasha 호랑이	卯 gūlmahūn 토끼
辰 muduri 용	巳 meihe 뱀	午 morin 말	未 honin 양
申 bonio 원숭이	酉 coko 닭	戌 indahūn 개	亥 ulgiyan 돼지

연도와 날짜를 표시할 때 십간과 십이지를 이용했다. 연도의 경우 십이 간지 다음에 해[年]을 의미하는 aniya를 붙이고, 날짜의 경우 날[日]을 의미하는 inenggi를 붙였다. 예를 들어 갑자년(甲子年)은 niowanggiyan singgeri aniya, 갑오년(甲午年)은 niowanggiyan morin aniya 라고 하고 계축일(癸丑日)은 sahahūn ihan inenggi 라고 한다.

제 7 강
가 족

1

A: sini boode niyalma udu anggala bi?

B: uheri sunja anggala bi.

A: gemu sinde ai ombi?

B: mini ama, eme, sargan jai haha jui.

　　mini beye be dabume uheri sunja anggala bi.

A: 당신 집에 몇 식구가 있나요?

B: 모두 다섯 식구가 있습니다.

A: 모두 당신과 어떻게 되나요?

B: 제 부모님, 아내와 아들입니다. 저까지 합치면 모두 다섯 식구가 있습니다.

단어

- **boo** 집
- **anggala** ① 호구(戶口), 인구 ② ~뿐만 아니라, ~보다는, ~하기는커녕
- **ama** 아버지
- **eme** 어머니
- **sargan** 아내, 여자
- **jai** 다시, 둘째의, 다음에, 또
- **haha jui** 아들 ↔ sargan jui 딸
- **dabume** 기본형 dabumbi의 -me 연용형
- **dabumbi** ① 점화하다, 불 피우다 ② 포함시키다, 반(班)에 들이다, 셈에 넣다, 넣게 하다 ③ 준수하다, 고려하다, 따르다
- **uheri** 모두, 전부, 총(總), 합계

문장 구조

sini   boode   niyalma udu anggala bi?
당신의(2인칭 속격) 집에(boo+de)   사람이   몇   식구   *있습니까?
                                                  bi는 '있다'라는 뜻이므로 평서형 종결이지만
                                                  앞에 '몇'이라는 뜻의 의문사 udu와 상응해 의문형이 된다.

uheri   sunja anggala bi.
총/모두   다섯   식구   있습니다.

gemu sinde   ai   ombi?
모두 *당신과(당신에게)   무엇이   *됩니까?
      2인칭 단수 si + (n) 여위격조사 de   ombi는 '되다'라는 뜻이므로 평서형 종결이지만
                                        앞에 '무엇'이라는 뜻의 의문사 ai와 상응해 의문형이 된다.

mini   ama, eme, sargan jai   haha jui.
나의(1인칭 속격) 아버지, 어머니, 아내   그리고   아들(입니다).

mini beye be dabume uheri sunja anggala bi.
나의 몸/자신을 포함시켜   총   다섯   식구   있습니다.

2

A ᠣᠮᠪᡳ᠉

B ᠠᡳ᠌ᠪᡳ᠂ ᠰᡳ ᠣᠮᠪᡳ᠉

A ᠪᡳ ᠴᠠᡳ ᠣᠮᠪᡳ᠉

B ᠪᡳ ᠰᡠᠨ ᠣᠮᠪᡳ᠉

A ᠪᡳ ᠣᠮᡥᠠ ᠣᠮᠪᡳ᠉

B ᠪᡳ ᠪᡠᡩᠠ ᠣᠮᠪᡳ᠉

A ᠰᡳ ᠣᠮᠪᡳ᠉ ᠪᡳ ᠵᡝᠮᠪᡳ᠉

B ᠪᡳ ᠪᡠᡩᠠ ᠵᡝᠮᠪᡳ᠂ ᠣᠮᡥᠠ ᠣᠮᠪᡳ᠉

A: si ahūn deo udu?
B: bi ahūn deo emu.
A: si udu ci ningge?
B: bi ahūngga jui.
A: sini eyun, non gemu bio?
B: gemu bi.
A: gemu aide yabumbi? suweni booi gūwa niyalma ubade terakūn?
B: tese ubade akū. encu tokso de bi.

A: 형제는 몇 명입니까?
B: 한 명입니다.
A: 당신은 몇 째인가요?
B: 장남입니다.
A: 누나와 여동생 모두 있습니까?
B: 모두 있습니다.
A: 모두 어디로 갔나요? 다른 식구는 여기에 살지 않나요?
B: 다들 여기에 없습니다. 다른 마을에 있습니다.

단 어

- **ningge** 것, 것의, 者
- **ahūngga** 큰아들, 장자(長子)
- **eyun** 맏언니, 누나, 친척 중에 나이 많은 여자
- **non** ① 여동생, 젊은 여자아이
  ② (지명) 눈강(嫩江, 만주 지역의 강 이름) non i bira, non ula
- **aide** 어디에, 무엇으로(ai+~de)
- **gūwa** 다른, 다른 사람
- **ubade** 여기에서, 여기에 ↔ tubade 거기에서, 거기에
- **terakūn** 기본형 tembi(살다, 거주하다, 앉다)의 부정의문형
- **tese** tere(그)의 복수형. 그 사람들, 그들, 저들

☐ **akū** ① 없다 ② 죽다
* akū ombi 없게 되다, 없어지다, 죽다   akū oho 죽었다
* waka 아니다, 잘못, 非

☐ **encu** 별개의, 다른, 다른 모양의
☐ **tokso** 장원(莊園), 농장, 마을, 부락

문장 구조

si   ahūn deo   udu?
당신은 형   동생이 몇입니까?

bi ahūn deo emu.
저는 형제가 하나입니다.

si   udu ci   ningge?
당신은 몇   ~(번)째 사람/것입니까?

bi ahūngga jui.
저는 장남 아들입니다.

sini   eyun, non gemu bio?
당신의 누나 여동생 모두 있습니까?

gemu bi.
모두 있습니다.

gemu aide   yabumbi?
모두   어디에 *갔습니까?
            * yabumbi는 '가다, 행하다'라는 뜻의 동사로 yabumbi 자체는 평서형 종결이다.
              그러나 앞에 '어디에'라는 뜻의 의문사 aide와 상응해 의문형이 되었다.

suweni booi gūwa niyalma ubade terakūn?
당신들의 집의 다른   사람은 여기에 살지 않습니까?
                        tembi(살다, 거주하다) + ~akū (부정형) + ~n (의문형)

tese   ubade akū.   encu tokso de bi.
그들은 여기에 없습니다. 다른 마을 에 있습니다.

3

A　　　　B　　　　A　　　　B

A　　B　　A　　B　　A　　B

A: sini amji amu, ecike oke gemu bio?
B: gemu bi.
A: sini goro mafa mama i boo aibide tehebi?
B: geng giya pu dzi sere gašan de tehebi.
A: sini tara ahūn deo udu?
B: mini tara ahūn deo ilan.
A: sini ambu deheme gemu bio?
B: ambu akū, damu dehema deheme bi.
A: sini amha emhe boo ya bade tehebi?
B: mukden hoton de tehebi.

A: 큰아버지, 큰어머니, 숙부, 숙모 모두 계신가요?
B: 모두 계십니다.
A: 외조부모님은 어디에 사셨습니까?
B: 경가보자(耿家堡子)라는 촌락에서 사셨습니다.
A: 사촌 형제는 몇 명입니까?
B: 제 사촌 형제는 세 명입니다.
A: 큰이모와 작은이모 모두 계십니까?
B: 큰이모는 없고 작은이모부와 이모만 계십니다.
A: 장인, 장모님은 어디에서 사셨습니까?
B: 성경(盛京)에 사셨습니다.

단어

- **amji** 큰아버지, 백부(伯父)
- **amu** 큰어머니, 백모(伯母)
- **ecike** 숙부, 삼촌
- **oke** 숙모 (= eoke, uhume)

- □ **goro mafa** 외조부
- □ **goro mama** 외조모
- □ **aibide** 어느 곳으로, 어디로, 어디에서(= aibade/ ai+ba+de)
- □ **gašan** 마을, 촌락
- □ **tara ahūn deo** 姓이 다른 사촌 형과 아우, 친사촌 이외의 사촌 형제
- □ **ambu** 큰이모 (ambuma 큰이모부)
- □ **deheme** 작은이모
- □ **dehema** 작은이모부
- □ **amha** 장인
- □ **emhe** 장모
- □ **geng giya pu dzi** (지명) 경가보자촌(耿家堡子村)
- □ **mukden hoton** 묵던, 성경(盛京). 지금의 심양
- □ **tehebi** tembi(살다, 거주하다, 앉다)의 과거형 tehe에 bi가 붙은 형태

문장 구조

sini   amji,   amu,   ecike,   oke   gemu bio?
당신의 큰아버지, 큰어머니, 숙부, 숙모 모두 계십니까?

gemu bi.
모두 계십니다.

sini   goro mafa mama i boo aibide tehebi?
당신의   외조부 조모의 집 어디에 사셨습니까?

geng giya pu dzi sere gašan de tehebi.
耿 家 堡 子 라는   촌락에 *사셨습니다.
                        tembi+hebi

*tehe에 실질적 의미를 갖지 않는 허사(虛辭) bi가 붙은 형태로서, '살았(었)다', '거주했(었)다'로 해석하면 된다. 여기에서 bi는 과거시제 접미사인 -ka(ke)/ha(he)와 연결되어 '이미 끝났다'라는 뜻을 나타내는 종결어미에 해당한다.

sini   tara ahūn deo udu?
당신의   사촌 형제   몇입니까?

mini tara ahūn deo ilan.
나의   사촌 형제   세 명입니다.

sini   ambu deheme gemu bio?
당신의 큰이모, 작은이모 모두 계십니까?

ambu akū, damu dehema deheme bi.
큰이모는 없고 다만 작은이모부, 이모   계십니다.

sini   amha emhe boo ya bade tehebi?
당신의 장인   장모   집 어느 곳에 사셨습니까?

mukden hoton de tehebi.
묵던(성경) 성   에 사셨습니다.

제 8 강
건 강

1

A

B

A

B

A: mini cira boco be tuwaci antaka?

B: enduringge cira be tuwaci, umesi sain ohobi, damu majige wasikabi.
    ere ucuri beye amgara de elheo?

A: elhe.

B: buda jeterengge antaka?

A: tere udu inenggi ci majige amtan bahambi.
    tuttu seme kemuni geleme ambula jeterakū.

A: 짐(朕)의 안색을 보니 어떠한가?

B: 용안을 뵈오니, 아주 좋아지셨습니다. 다만 조금 수척해지셨습니다.
    요즘 주무실 때 편안하십니까?

A: 편안하다.

B: 식사하는 것은 어떻습니까?

A: 지난 며칠보다 조금 입맛을 찾았다.
    그래도 여전히 조심해서 많이 먹지는 않는다.

단 어

- **cira**   얼굴
- **boco**   색
- **antaka**   (의문사) 어떠한가
- **enduringge** ① 신(神)의, 거룩한, 불후의, 지존의, 성스러운 ② 황제(皇帝)의
- **damu**   다만
- **majige**   조금
- **wasimbi**   내리다, 떨어지다, 쇠퇴하다, 야위다
- **ucuri**   때, 시절, 기회
- **amgambi**   잠자다
- **elhe**   편한, 평안한

- ☐ **buda**   밥
- ☐ **jembi**   먹다
- ☐ **amtan**   음식의 맛, 입맛
- ☐ **bahambi**   얻다, 획득하다
- ☐ **tuttu**   그와 같이, 그렇게   **tuttu seme** 그렇다 해도
- ☐ **sembi**   말하다
- ☐ **gelembi**   두려워하다
- ☐ **ambula**   많은, 큰, 몹시

문장 구조

mini cira boco be tuwaci antaka?
나의 얼굴 색   을 보아하니 어떠한가?

enduringge cira be tuwaci, umesi sain ohobi, damu majige wasikabi.
성스러운   얼굴 을 보니   매우 좋아 졌습니다. 다만 조금 수척해졌습니다.

ere ucuri beye amgara de elheo?
이 즈음/때 몸   잘 때에   편안합니까?(elhe+ 의문형~o)

buda jeterengge antaka?
밥   먹는 것은   어떠합니까?
      jetembi(먹다)+~re(미연형)+~ngge(명사화)

tere udu inenggi ci majige amtan bahambi.
그/저 몇 일   보다 조금   입맛   얻었다.

tuttu seme   kemuni geleme ambula jeterakū.
그렇게 -하여도/해도 여전히   무서워서 많이   먹지 않는다.

2

A: sini salu gemu šaraka kai, yasa inu derikebio?

B: yasa inu derikebi.

　　dengjan ni fejile bithe arambihede, yasa derike be serebumbi.

A: si fi jafara de yasai buleku be baitalambio?

B: yasai buleku be baitalambi.

A: 당신의 수염이 모두 하얗게 되었군요. 눈도 노안이 되었습니까?

B: 눈도 노안이 되었습니다.

　　등잔 아래에서 글을 쓸 때에 눈이 나빠진 것을 느낍니다.

A: 당신은 붓을 잡을 때에 안경을 사용합니까?

B: 사용합니다.

단 어

- **salu**   수염
- **šarambi(šaraka, šarapi)**   희어지다, 머리가 하얗게 세다
- **kai**   문장 끝에서 강조, 감탄의 의미를 나타내는 조사. ~구나, ~것이다!
- **inu**   ① (조사) ~도, ~ 또한 ② (부사) 또한 ③ (형용사) 옳은, 좋은 ④ (명사) 옳음 ⑤ (조동사) ~이다, 바로 그것이다 ⑥ (감탄사) 그렇다, 네, 옳다, 맞다(동의하거나 긍정하는 대답)
- **yasa**   눈
- **dengjan**   등잔
- **fejile**   아래 = fejergi
- **baitalambi**   사용하다, 쓰다, 등용하다
- **arambi**   (건물 등을) 짓다, (글을) 쓰다, 짓다
- **serebumbi**   serembi(느끼다, 알다, 깨닫다)의 사동형/피동형. ① 알게 하다, 깨닫게 하다 ② 느끼다, 알다, 알게 되다, 뚜렷이 나타나다
- **aikabade**   만약, 혹시
- **ajige**   작은
- **ginggulembi**   ① 황공해하다, 삼가다, 존경하다 ② 해서(楷書)를 쓰다
- **inenggi**   날, 일(日)
- **šun**   해
- **ineggi šun**   낮
- **fi**   붓[筆]
- **jafambi**   ① 잡다 ② 가지다, 장악하다, 관리하다, 관할하다 ③ 체포하다 ④ 마음먹다 ⑤ 바치다, 물건을 바치다, 세금을 바치다, 조공(朝貢)하다 ⑥ 사돈 맺다 ⑦ 얼음이 얼다(juhe jafambi)
- **buleku**   거울
- **yasai buleku**   안경 = yan ging (한어 안경(眼鏡) yanjing의 음차)
- **narhūn**   ① (형태, 소리 등이) 가느다란 ② 정밀한, 정교한, 정치한, 자세한

		③ (화살이) 과녁을 스쳐지나가는 ④ 비밀의, 기밀의
□	**hergen**	① 문자, 글자 ② 작(爵), 작위, 직위, 관함, 벼슬 ③ 지문(指紋), 족문(足紋)
□	**tuwambi**	보다, 바라보다, 살피다
□	**mutembi**	잘하다, 할 수 있다, (일을) 성사시키다

문장 구조

sini salu gemu šaraka kai,   yasa inu derikebio?
당신의 수염이 모두 하얘졌군요! 눈 또한 노안이 되었습니까?

dengjan ni fejile bithe arambihede, yasa derike be serebumbi
등잔 의 아래 글을 지었을 때에 눈이 나빠진 것을 느낍니다.

si   fi jafara de yasai buleku be baitalambio?
당신은 붓을 잡을 때에 눈의 거울[眼鏡]을 사용합니까?

yasai buleku be baitalambi.
눈의 거울 을 사용합니다.

문법 사항

1 -ci의 용법

1) 가정, 조건을 나타낸다.

① 순접 가정 조건 : (만약) ~하면

aikabade ajige hergen be gingguleme ara**ci**
만약 작은 글자를 해서체로 쓰면

▶ 위의 문장은 aikabade와 -ci가 호응하여 '만약 ~하면'이라는 가정문이 만들어진 경우이다. 그러나 aikabede 없이 -ci만 사용해도 가정 혹은 조건문이 만들어질 수 있다.

abka gosifi beye elhe o**ci** isinambi dere.
하늘이 어여삐 여겨 몸이 평안하면 이를까 하노라.

si gemun hecen i baru gene**ci** tetendere
네가 황성(皇城)으로 향해 가면

② 순접 기정 조건: ~하니

mini tere takara niyalma de fonji**ci** alarangge
내 그 아는 사람에게 물으니 아뢰길

③ 역접 가정 조건: ~한다 해도

뒤에 akū와 상응하여 역접의 상황을 나타내기도 한다. 또 반어문과 호응하여 어떤 행동을 해도 기대한 결과가 발생하지 않는다는 양보의 의미를 나타내기도 한다.

olhon moo de nimaha bai**ci** ai arga tucire.
뭍의 나무에서 물고기를 얻으려 한다고 해도 무슨 방법이 나오겠는가.

④ 역접 기정 조건: ~했어도

> daha seme hūla**ci** dahalakū ofi
> 항복하라 소리쳐도 항복하지 않으므로

2) 어떤 행동을 선택해도 무방하다는 양보를 나타낸다. 즉 ~하든 ~하든

> wa**ci** uji**ci** beile sini ciha.
> 죽이든 살리든 버일러 당신 마음대로 하시오.
>
> amba gurun be ajigen obu**ci** ajige gurun be amban obu**ci** gemu abkai ciha kai.
> 대국을 소국으로 만들든 소국을 대국으로 만들든 모두 하늘의 뜻이다.

3) 관용적 용법

① donjici (듣건대, 들으니), tuwaci (보건대, 보니) 등 :
donjici 뒤에는 반드시 sere, sehe, sembi 등의 말이 붙는다.

> **donjici**, si, te ubaliyambure be tacimbi sere.
> 듣건대(듣기로) 당신은 지금 통역하는 것을 배우고 있다고 하더라.
> yasa kemuni derikekū be **tuwaci**,
> 눈이 여전히 나빠지지 않은 것을 보니

② acambi, ombi, ojoro 등의 앞에 -ci가 오는 경우

a. -ci 뒤에 acambi 가 상응하면 의무를 나타낸다. 즉, '~해야 마땅하다'의 뜻.

> sain be yabu**ci** acambi, ehe be yabu**ci** acarakū.
> 선을 행해야 마땅하다. 악을 행하면 안 된다.
>
> te uthai gene**ci** acambi.
> 지금 즉시 가야 마땅하다.

b. -ci 뒤에 ombi(되다)와 상응해 가능을 의미한다.

> ejen be cashūlafi ubašara de adarame inenggi be boljo**ci** ombi.
> 임금을 등지고 배반하는 데에 어찌 날을 정할 수 있으리오.

dengjan de narhūn hergen be kemuni tuwa**ci** ombi.
등잔(불)에 세밀한 글자를 아직은 볼 수 있다.

    c. -ci 뒤에 ojoro(ombi(되다)의 미래형)와 상응하면 미래에 어떤 행동을 행하는 것이 가능하다는 것을 의미하며, ojorakū(ojoro의 부정형)와 상응하면 불가능을 의미한다.

weihukeleme ašša**ci** ojorakū.
가벼이 움직이지 못할 것이다.

4) 탈격조사, 즉 ~로부터, ~보다 등의 의미도 있다. 특히 비교의 용법으로 사용되는 경우에 주의해야 한다.

tere udu inenggi **ci** majige amtan bahambi.
저 며칠보다 조금 입맛을 찾았다.

sini beye nenehe **ci** yebeo?
당신의 몸은 예전보다 나아졌습니까?

▶ -ci와 -cibe의 구분
-cibe는 udu와 결합하여 '비록 ~하더라도', '~했다 하더라도' 등 역접의 의미로 쓰인다.

nenehe inenggi udu cenghiyang ni jiramin kesi be alime gai**cibe**
前日에 비록 승상의 두터운 은혜를 입어 가졌어도

▶ udu가 없더라도 -cibe만으로도 '~했더라도'라는 의미를 나타낸다.

wan lii han, mini juwe mafa be umai weile akū baibi waha, **wacibe** kimuleme gūnirakū kemuni han seme gūnime
만력제가 나의 二祖(조부와 부친)를 전혀 죄 없는데도 이유 없이 죽였다. 죽였어도 원망하지 않고 여전히 황제라고 여겨

2 동사의 사동형/피동형 -bu

동사의 어간에 -bu를 붙이면 사동 혹은 피동의 의미를 갖게 된다. 일반적으로 사역 당하는 자, 즉 사역동사의 행위자에게 목적격 조사인 -be가 붙으며 우리말로는 '~로 하여금'의 뜻으로 해석할 수 있다. 피동형의 동작·행위자에게는 여격인 -de가 붙어 사역형과 구분된다.

kiyoo de tefi jakūn niyalma be tukiye**bu**fi
가마에 앉아 여덟 사람으로 하여금 짊어지게 하여

sunja tanggū boigon be emu tanggū cooha be tuwakiya**bu**fi
500호를 100명의 군사로 하여금 지키게 하여

▶ 위의 예문의 경우 목적격 조사인 be가 두 번 출현한다. 그러나 양자의 의미는 다르다. 첫 번째 be, 즉 sunja tanggū boigon의 뒤에 오는 be는 목적격으로 '500호를'로 해석한다. 그러나 emu tanggū cooha 뒤에 오는 be는 tuwambi의 사역형인 tuwakiyabufi의 행위 주체, 즉 사역되는 대상을 표시한다. 그러므로 '~로 하여금'으로 해석할 수 있다.

sargan de eime**bu**mbi.
아내에게 미움 받다.

▶ 미워하는 행위자는 아내이므로 sargan 다음에 de가 붙어 행위자를 표시한다.

cooha gemu gidabufi wabuha.
군대가 모두 격퇴당해 죽임당했다.

3 -ngga/-ngge/-nggi/-nggo 의 용법

1) 명사의 어간 다음에 연결되는 경우 형용사적인 기능을 가진 접미사로 다음에 오는 명사를 수식한다.

yasa derike**ngge** niyalma
눈이 노안이 된 사람

2) 그 자체로 명사화되어 '-한 것', '-한 자'의 뜻을 갖는다.

muse manju yasa derike**ngge** umesi labdu.
우리 만주인들은 눈이 노안이 된 자가 매우 많다.

만주인의 겨울 스포츠 빙희(氷戱)

　만주지역은 한반도보다 춥고 결빙기가 길다. 한국인이 겨울철 북풍을 부르는 삭풍(朔風)이란 말은 곧 만주 벌판에서 불어오는 차디찬 바람을 가리킨다. 만주족은 눈과 얼음 위에서 생활하는 기간이 길었기 때문에 오락과 전투가 얼음 위에서 이루어지기도 했다. 만주족의 빙상 대회에 관한 기록은 누르하치 시기 만문 자료에도 보인다. 『만문노당(tongki fuka sindaha hergen i dangse)』은 누르하치 시기에 개최된 대규모 빙상 경기의 광경을 전하고 있다. 1625년(천명 10년) 음력 정월 2일 누르하치는 만주, 몽고, 한군팔기의 여러 버일러들과 관원들과 그들의 부인들까지 이끌고 얼어붙은 강 위에서 대규모 빙상 체육대회를 개최했다. 버일러들은 호위병사들, 병사들과 함께 얼어붙은 강 위에서 축구를 했다. 이때의 축구는 오늘날의 축구처럼 정교한 규칙이 있는 것은 아니었고 공중에 던져진 공을 먼저 잡는 자가 이기는 단순한 경기였다. 우승자에게는 상금이 주어졌다.

　이런 빙상 경기는 오락을 위한 것만이 아니고 실제로 전투 훈련을 겸한 것이었다. 누르하치는 전시에 썰매로 이동하는 속도전 부대를 운용하기도 했으며, 겨울에 북방으로 정복전을 갈 때에는 병사들에게 톱니가 달린 나무신을 신도록 해서 행군 속도를 높이기도 했다. 『청어적초(淸語摘抄)』의 기록에 의하면 누르하치 휘하의 비고열(費古烈)이 지휘한 부대는 스케이트화를 신고 하루에 7백리(약 350km)를 달렸다고 한다. 아무리 스케이팅을 잘 한들 서울-대구 간 거리를 하루에 달렸다는 것이 믿기지 않지만 어쨌거나 이 부대는 오늘날의 스키부대의 전신인 셈이다. 때로는 결빙된 바다 위에서 전투가 벌어지기도 했다.

　만주족의 빙상 경기는 만주족이 중국을 차지한 이후에도 꾸준히 치러졌으며 청의 전성기인 건륭제 시기에 규모가 확대되었다. 청의 황제들은 매년 겨울, 대개 음력 12월 8일에 북경 자금성의 서쪽 옆에 있는 태액지(太液池)에서 팔기군의 빙상 대회를 개최했다. 당시 이를 '빙상의 오락'이란 의미로 '빙희(冰嬉)'라고 불렀지만 이것은 단순한 오락이 아니라 팔기병들을 위한 형식을 갖춘 빙상 전투 훈련이기도 했다. 다시 말해 빙희는 국가적 차원에서 제도화된 행사였다. 팔기병들은 자신이 소속된 기의 색과 일치하는 색의 옷을 입고 무릎 보호대를 차고 스케이트 날이 장착된 가죽 스케이트화를 신었다. 빙판 위에는 세 개의 문이 설치되었는데 기문(旗門)이라고 하는 이 문에는 구체가 매달려 있어 선수들이 스케이팅을 하며 이 구체를 맞혀야 득점할 수 있었다. 그 외에 전력으로 달려 우승자를 가리는 일종의 스피드 스케이팅 대회도 치러졌는데 우승자와 준우승자에게는 황제가 포상을 했다.

청대 만주족의 스케이팅 관습은 1911년 신해혁명 이후 청조가 멸망한 후에도 겨울철 오락으로 유지되었다. 지금도 북경 북해공원은 겨울철마다 스케이팅을 즐기는 시민들로 붐비고 있다.

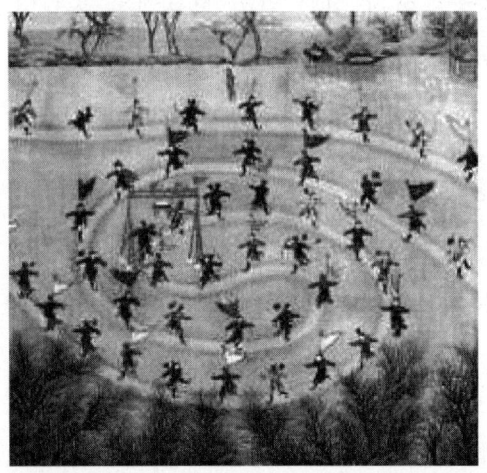

◁ 팔기병들이 기문(旗門) 주위를 빙빙 돌며 표적을 맞히는 모습.

▽ 그림 오른쪽에는 어가 안에서 빙희를 즐기고 있는 황제의 모습이 보인다.

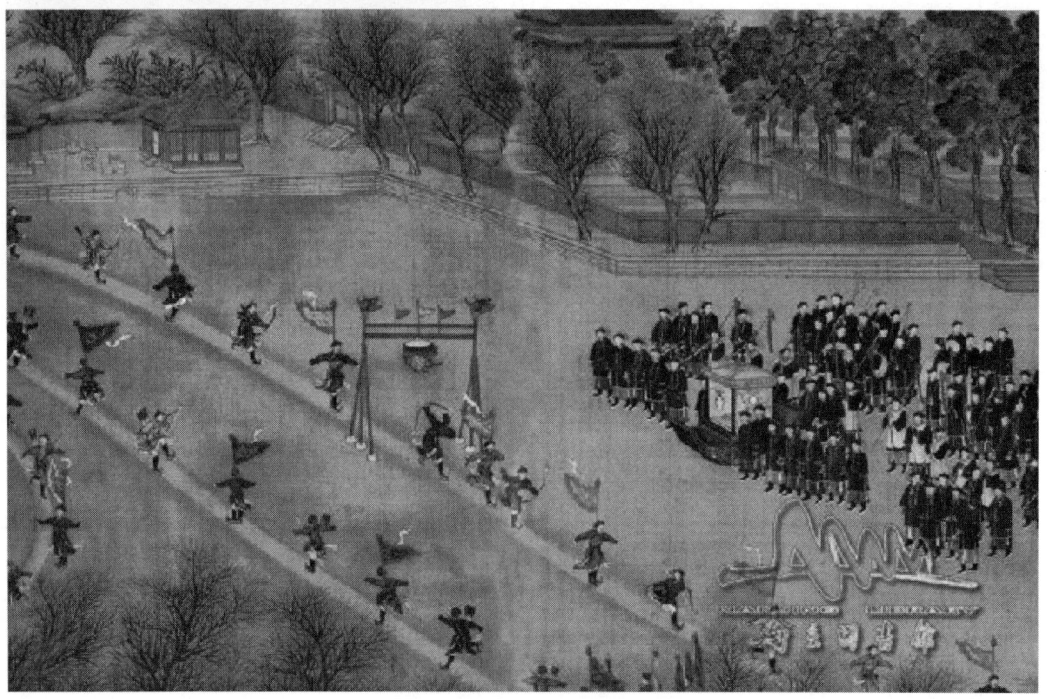

팔기병들의 빙희(氷戲)

제 9 강

자기소개

1

A　　　B　　　A　　　B　　　A　　　B

ᠠᠯᡳᠨ ᠣᠵᠣᡵᠣ?

ᠮᡳᠨᡳ ᡤᡝᠪᡠ ᠠᠯᡳᠨ᠉

ᠰᡳᠨᡳ ᡤᡝᠪᡠ ᠸᡝ?

A　　　B　　　A　　　B

ᠰᠠᡳᠨ᠉

ᠰᡳ ᠰᠠᡳᠨ ᠨᠠ?

ᠰᠠᡳᠨ᠂ ᠰᡳ?

ᠰᠠᡳᠨ ᠪᠠᠶᡳᠮᠪᡳ᠂ ᠠᠯᡳᠨ᠉

A: age si ya hoton i niyalma?
B: sehehun hoton i niyalma.
A: ya gūsangge?
B: kubuhe lamun i niyalma.
A: wei nirude bi?
B: dzenglu nirude bi.
A: se adarame? ai aniya?
B: orin emu se. tasha aniya.
A: hala gebu ai?
B: tunggiya hala. gebu defa.

A: 형, 당신은 어느 성(城) 사람입니까?
B: 서허훈 성(城) 사람입니다.
A: 어느 구사[기(旗)] 사람입니까?
B: 양람기(鑲藍旗) 사람입니다.
A: 누구의 니루에 있습니까?
B: 정루 니루에 있습니다.
A: 나이는 어떻게 됩니까? 무슨 띠인가요?
B: 21살이고 호랑이 띠입니다.
A: 성과 이름은 무엇입니까?
B: 통기야씨이고 이름은 더파입니다.

단 어

- **ya**   누구, 어느, 어떤
- **hoton**   도시, 성(城)
- **gūsa**   팔기(八旗)의 조직 단위 기(旗)
- **gūsangge = gūsaingge (gūsa+ningge)**   gūsa에 속한 것(사람)

☐ **kubuhe**　　(kubumbi의 과거형) 테두리 있는, 양(鑲)
☐ **kubumbi**　　테두리를 두르다, 선을 두르다, 가선을 두르다
☐ **lamun**　　남색(짙은 남색)
☐ **kubuhe lamun**　양람(鑲藍)(旗)
☐ **we**　　누구, 누구인가?
☐ **niru**　　① 큰 화살 (수렵할 때 사용한다) ② (팔기의 부대 단위) 니루[牛彔], 좌령(佐領) ③ 그림을 그려라 (nirumbi의 명령형)
☐ **adarame**　　어찌, 어찌하여
☐ **tasha**　　호랑이
☐ **sehehun**　　곧은, 가파른
☐ **sehehun hoton**　(지명) 수암성(岫巖城). 현재 요녕성 수암 만족자치현(滿族自治縣) 수암진(岫巖鎭)
☐ **dzenglu**　　(인명) 정루[增祿]
☐ **defa**　　(인명) 더파[德發]

※ 팔기(八旗, jakun gūsa) 만문명칭

　　양황 kubuhe suwayan　　　정황 gulu suwayan
　　정백 gulu šanggiyan　　　　양백 kubuhe šanggiyan
　　정홍 gulu fulgiyan　　　　 양홍 kubuhe fulgiyan
　　정람 gulu lamun　　　　　 양람 kubuhe lamun

이 중에서 황제 직속인 상삼기(上三旗, dergi ilan gūsa)는 양황, 정황, 정백기이다. 상삼기를 제외한 나머지 旗들을 하오기(下五旗, fejergi sunja gūsa)라고 했다.

문장 구조

age　si　ya　hoton i　niyalma?
형　당신은 어느　성　의　사람입니까?

sehehun hoton i niyalma.
서허훈   성의   사람입니다.

ya gūsangge?
어느 구사[기(旗)]의 사람입니까?

kubuhe lamun i niyalma.
  양   람(기) 의 사람입니다.

wei   nirude   bi?
누구의 니루에 있습니까?

dzenglu nirude bi.
정루   니루에 있습니다.

se   adarame?   ai   <u>aniya</u>?
나이 어떻게 됩니까   무슨 *해(띠)입니까
              일반적으로 aniya는 해(年)이고 띠는 aniyangga이지만
              이 경우 aniya와 aniyangga가 같은 의미로 사용되었다.

orin emu se.   tasha aniya.
스물 한 살입니다. 호랑이 해(띠)입니다.

hala gebu ai?
성씨 이름 무엇입니까?

tunggiya hala.   gebu defa.
퉁기야   씨입니다. 이름은 더파입니다.

2

A: sini gebu ai sembi?

B: mini gebu fiyanggū sembi.

A: manju uksura de tunggiya hala bi nio?

B: bi, tunggiya serengge emu amba hala.

A: ini gebu be ai sembi?

B: terei gebu tulai sembi, tunggiya hala.

A: 당신의 이름은 무엇입니까?

B: 나의 이름은 피양구입니다.

A: 만주족에 퉁기야씨가 있습니까?

B: 있습니다. 퉁기야는 하나의 대성(大姓)입니다.

A: 그의 이름은 뭐라고 합니까?
B: 그의 이름은 툴라이라고 합니다. 퉁기야씨입니다.

단어

- **gebu** 이름
- **uksura** ① 일문, 일파, 지파, ② 종족, 민족
- **uksun** ① 족(族), 종족(宗族). 입관 후에는 황실, 종친만을 의미하게 되었다. 족(族)은 uksura라고 했다. ② 종실. 누르하치 아버지 탁시의 직계후손. 황대(黃帶)라고도 했다.
- **hala** 성씨
- **tunggiya** 퉁기야[佟佳]씨. 만주족 팔대(八大) 성씨 중의 하나

* fiyanggū의 원래 뜻은 '막내아들', '늦둥이'이다. 그러나 만주족들 사이에서 이름으로 많이 사용되었다. 이 문장에서는 인명으로 쓰였다.

문장 구조

sini gebu ai   sembi?
당신의 이름 무엇 이라 부릅니까?

mini gebu fiyanggū sembi.
나의 이름은 피양구 라고 합니다.

manju uksura de tunggiya hala bi nio?
만주 족   에게 퉁기야 성이 있습니까?

bi,   tunggiya serengge emu amba hala.
있습니다. 퉁기야 라는 것은 한   大   姓입니다.

ini gebu be   ai   sembi?
그의 이름 을 무엇이라 합니까?

terei gebu tulai sembi,   tunggiya hala.
그의 이름은 툴라이 라고 합니다. 퉁기야씨입니다.

3

A: muse takanduki.

　　si ai uksurai niyalma?

B: bi oci manju.

　　bi beging hecen de weileme arambi.

A: sini boo ya bade bi?

B: mini da susu mukden de bi.

A: 우리 서로 알고 지냅시다. 당신은 어느 민족입니까?

B: 저는 만주인입니다. 북경에서 일합니다.

A: 당신의 집은 어느 곳에 있습니까?

B: 저의 고향은 성경에 있습니다.

단어

- **takanduki**   taka + -du+(mbi) + -ki
- **takambi**   ① 알아듣다, 알아보다, 인식하다 ② 기다리다
- **takandumbi = takanumbi**   함께 서로 알다
- **weilembi**   일하다, 모시다   weileme arambi 일하다
- **weile**   일, 죄
- **beging hecen** 북경   **gemun hecen** 황성(皇城)   **ging hecen** 경성(京城)
- **boo**   집
- **da**   ① 수장 ② 뿌리 ③ 처음, 근원 ④ 책 ⑤ 대(大), 달(達), 타(打)의 음사
- **susu**   ① 본적지, 고향, 적관(籍貫) ② 폐허, 터, 기틀
- **da susu**   원적지, 고향
- **mukden**   mukdembi의 명사형. ① 우뚝 솟음 ② 성경(盛京), 지금의 심양(瀋陽)
- **mukdembi**   ① (새가) 높이 날다, 해가 높이 떠오르다, 일어나다.
  ② 솟아오르다, 발전하다, 번성하다

문장 구조

muse <u>takanduki</u>.

   taka(알다,인식하다)+ndu(서로,함께의 의미)+(mbi) + -ki(화자의 의지, 願望을 나타냄)
→ 우리 서로 알고 지냅시다.

si   ai   <u>uksurai</u>   niyalma?

당신은 무엇/어느   uksura(종족,민족)+i(-의)   사람

bi <u>oci</u> manju.

   *oci는 ombi+-ci 의 형태로서 '~이니','~라면'의 뜻을 갖는다.
   이 문장에서는 '저의 경우'의 의미로 생각하면 된다.
→ 저는 만주인입니다.

bi beging hecen de weileme arambi.

> * weilembi와 arambi는 각기 '일하다', '만들다'라는 유사한 의미를 갖는다.
> 만주어는 유사한 어휘를 중복해서 사용하는 경우가 많다.
> weileme arambi는 관용적으로 '일하다'로 해석된다.

→ 저는 북경성에서 일합니다.

sini boo ya bade bi?
당신의 집은 어느 곳에 있습니까

mini da susu mukden de bi.
저의 원래 고향/터는   성경에   있습니다.

문법 사항

 조동사 ombi, sembi, bimbi

조동사는 그 명칭대로 원래 뜻은 사라지고 기능적으로 다른 동사 또는 명사류를 돕는다. 만주어에서 가장 널리 사용되는 조동사는 ombi, sembi, bimbi 등이 있는데 이의 변형태들은 매우 다양하게 사용되어 만주어에서 중요한 위치를 차지하고 있다.

1) o-mbi

기본형인 ombi는 원래 '되다', '하다', '가능하다'라는 뜻을 갖는다. 그러나 ombi가 변형된 여러 형태들은 문맥에 따라 ombi의 원래 뜻과 다른 의미를 갖기도 한다. ombi의 변형태들로는 격조사 -ci가 붙은 oci 및 ocibe, 과거형 oho, ohobi, 과거형에 격조사가 붙은 ohode, 미래형 ojoro, 연결형 어미가 붙은 ofi, 부정형인 ojorakū 등이 있다. 몇 가지 용법을 예문을 통해 살펴보자.

① oci : 순접의 의미 또는 조건문을 나타낸다.

　　siyan lo i orhoda **oci** inu sain.
　　신라의 인삼이라면 또한 좋다.

　　menggun **oci** emu yan juwe jiha bodome gaimbi.
　　은이면 1냥(兩) 2전(錢)으로 계산해 취한다.

▶ uttu oci/ tuttu oci 그러하면
　oci 앞에 uttu(이와 같이, 이렇게)나 tuttu(그와 같이, 그렇게)가 붙으면 '그러하면'의 뜻이 된다.

　　andasa jefi duleme gene, **uttu oci** inu ombi.
　　친구들이여 먹고 지나가라. 그리해도 된다.

tuttu oci juwe ilan inenggi bilaki.
그러면 이삼 일로 기한을 정하자.

② ocibe : 역접의 조건을 나타낸다. ~하더라도, ~이더라도

ming gurun i fonde, han i jui **ocibe**, cin wang **ocibe** alifi icihiyabuhabi.
명나라 때에 황제의 아들이건 친왕이건 맡아 처리하도록 했었다.

sain **ocibe** ehe **ocibe** membe emu dobori teile dedubu.
좋든 나쁘든 우리를 하룻밤만 재워 주시오.

③ ohode : 순접의 조건을 나타낸다. ~하면

neneme emu jergi narhūšame gūninjafi jai yabume **ohode**, urui jabšaki bisire dabala.
먼저 한번 세밀히 생각하고 다시 행하면 항상 이익을 얻게 될 뿐이다.

amala baitalaci ojorakū **ohode**, gemu ere hūda toktosi be baimbi.
나중에 사용할 수 없게 되면 모두 이 중개인을 찾을 것이다.

④ ofi : 이유·원인을 나타낸다.

juleri diyan akū **ofi** cohome baime jifi
앞에 가게가 없어서 일부러 찾아와서

si hūdašame urehe urse **ofi** meni gese urehe akū niyalma be ambula eiterembi.
네가 장사에 익숙한 무리여서 우리와 같이 익숙하지 않은 사람을 심하게 속인다.

2) se-mbi

se-mbi의 실질적 의미는 '말하다', '생각하다'이지만 변형·활용되면서 원래의 의미가 퇴색되는 경향이 있다. se-mbi의 용법은 한국어의 '~한다'의 용법과 매우 유사하다.

① seme : seme는 문장에 따라 의미가 다양하다.
  a. 자격 등의 의미를 갖는 '~로서'로 해석되는 경우도 있고 인용문에 쓰여 '~라고 (했다)'로 해석되는 경우도 많다. 또한 '~하여', '~한다 하여' 등으로 해석될 수 있다.

  enduringge niyalma **seme** hono endebuku be dasaki sere bade, jergi niyalma be ai hendure.
  성스러운 사람이(으로서) 오히려 실수를 고치겠다고 하는 바에 평범한 사람을 어찌 논하겠는가.

  bi hukšeme gūniha **seme** wajirakū.
  나는 기쁘게 생각하여 끝이 없다.

  tere anda honin i hūdai bade genefi uthai jimbi **seme** gisurefi genehe.
  그 친구는 양(羊) 시장에 갔다 곧 올 것이라고 말하고 갔다.

  b. seme는 문장 처음에 udu(비록)와 호응하여 일종의 양보의 의미를 나타내기도 한다. 또한 sembi의 과거형 sehe와 함께 쓰여 '~했다 해도'라는 의미를 갖는다. 예컨대 tuttu sehe seme 는 '그렇다 해도'로 해석할 수 있다.

  udu jalbarime baiha **seme** inu ai baita.
  비록 기도하며 빈다고 해도 무슨 소용인가.

  jai fulu nemšehe **seme** inu tusa akū.
  또 많은 것을 다툰다 하여도 이익은 없다.

② sere
  a. '~라고 하는' 의 뜻

  julgei ming gurun i forgon de, emu lolo **sere** gašan bihe.
  옛날 명나라 시절에 한 로로라고 하는 촌락이 있었다.

b. anggala와 함께 쓰여 '~뿐만 아니라'의 뜻을 갖는다.

　　sini beye amba gala golmin **sere anggala**, suje be inu tuttu dalara kooli akū.
　　너의 몸이 장대하고 팔이 길 뿐만 아닐진대 비단을 또 그렇게 두 팔을 벌려 재는 법은 없다.

　　suweni juwe ilan niyalma teile **sere anggala**, uthai juwan funceme anda sehe seme, gemu jeterengge bufi ulebumbihe.
　　너희 두세 명뿐만 아니라 설령 열 명 넘는 친구라 해도 모두 먹을 것을 주어 먹였었다.

③ sembi가 의성어 뒤에 올 때 어간 se-는 여러 가지 활용어미를 수반한다.

　　siden niyalma hendume terei buhengge uthai **tob sere** hūda inu.
　　증인이 말하길 "그가 준 것은 곧 정당한 값이다."

　　si uthai isinjihangge **lak seme** sain.
　　네가 곧바로 도착한 것이 딱 맞게 좋다.

④ sembi 앞에 오는 동사의 활용형에는 여러 종류가 있다.

　a. -ki sembi　~하고자 한다, ~하겠다고 한다

　　　anda si ere morin be unca**ki sembio**.
　　　친구야 네가 이 말을 팔겠다고 하는가?

　　　teike tucifi suwembe okdome gene**ki sembihe**.
　　　막 나와서 너희를 맞이하러 가겠다고 했었다.

　b. -rahū sembi 또는 -rahū ayoo sembi

　　　geli simbe jide**rahū sembi**.
　　　또 너희가 오지 않을까 하고 염려하고 있다.

　　　bi damu age si jide**rahū ayoo sere** dabala.
　　　나는 다만 형 당신이 혹 오지 않을까 하고 염려했을 뿐이다.

⑤ serengge ~라는 것

    siyan-šeng **serengge** bithe hūlaha ambasa saisa.
    선생이라 함은 글 읽는 군자이다.

⑥ seci와 secibe
   a. 가정, 조건문을 나타내는 조사 -ci와 결합된 형태인 seci의 경우 가정, 조건의 의미를 나타내기도 하고 '~라 해도', '~한다 해도'의 의미를 갖는 경우도 있다. 후자의 경우 sembi와 -cibe가 결합된 secibe의 용법과 유사하다.

    cahar mimbe dailaha, muse emu gurun **seci**, mini karu cahar be dailaki.
    차하르가 우리를 공격했다. 우리가 한 나라라면 나의 원수 차하르를 정벌하자.

    han goro fudeki **seci**, mama i mejige ambula bifi goro fudehekū.
    한은 멀리까지 전송하려 했지만, 천연두의 소식이 크게 있어 멀리 전송하지 않았다.

   b. secibe는 sembi와 양보의 의미(~하더라도)를 나타내는 -cibe가 결합된 형태로 '~한다 해도', '~라 해도'의 뜻을 나타낸다.

    han hendume, musei dalingho be kaha fonde, gūwa tai niyalma gemu dalingho be baha manggi, dahaki **secibe** musei ulha gaiha.
    한이 말하길, 우리가 대릉하(大凌河)를 포위했을 때 다른 대(臺)의 사람이 모두 "(후금이) 대릉하를 얻은 후에 항복하겠다"고 했지만 (말한바와 다르게) 우리의 가축을 취했다.

3) bi-mbi
    동사 bimbi의 실제 의미는 '있다'이다. 그 외에 bimbi는 어미활용에 의해 기능면에서 다른 동사의 보조역할도 하는데 그 형태는 bimbi의 어근인 bi를 비롯해 bifi, bime, bici, bisire, bihe, bihe bici, bihebi 등 어미에 따라 다양한 용례가 있다.

① bihe

    bi simbe cendeme jortai fonjiha **bihe** sini sarangge umesi getuken seme ambula saišambi.
    내 너를 시험해 짐짓 물었더니 네가 아는 것이 가장 분명하다 하여 크게 칭찬한다.

    buceki seci buceme baharakū **bihe** te jabšan de jiyangjiyūn be bahafi acafi
    죽으려고 했지만 죽지 못하였더니 지금 요행히 장군을 능히 만나

② bime '~해서', '~하여', '~하며' 혹은 '~인데', '~하였는데', '~한 데다가'

    uttu ohode morin jetere labdu **bime** hefeli ebimbi.
    이러하면 말이 먹기에 많아서 배부를 것이다.

    te hontohon biya hamika **bime** ainu teni ubade isinjiha.
    지금 거의 반달 가까이 되었는데 어찌 이제야 여기에 왔는가.

    labdu halhūn **bime** derbehun.
    많이 덥고 습하다.(많이 더운 데다가 습하다)

③ bicibe

    te **bicibe** han beise duin mederi be uherilefi abkai fejergi be yooni gemu kadalahabi.
    이제는 한과 버일러들이 사해를 통일하여 천하를 모두 다 거느렸다.

    bi udu han i banjiha sargan jui waka **bicibe** mimbe tana gui adali gosime ujimbihe.
    내 비록 한이 낳은 딸은 아니지만 나를 진주, 옥같이 사랑하여 기르셨다.

④ bi ; 조동사로 쓰인 경우 bimbi의 실제 의미인 '있다'로 해석할 필요는 없

다. 한국어 '~이다'의 의미에 가깝다.

umesi micihiyan ningge šumin ici juwe da **bi.**
가장 얕은 것이 깊이가 두 발이다.

yūncang goro genehekū **bi**, bi umesi amba dere gaime fudeki.
(관)운장이 멀리 가지 않았으니, 내 매우 큰 정으로 전송하겠다.

⑤ bici ~하면/이면, 있으면

aika gūniha gisun **bici**, inu hafu gisure.
만일 생각한 말이 있으면 또한 기탄없이 말하라.

⑥ bihebi ~이었다

liyoodung ni ba i emu gašan i da **bihebi**.
요동 지역 한 마을의 장(長)이었다.

⑦ 이외에 동사의 과거형 -ka, -ke, -ko, -ha, -he, -ho, 부정형 -kū와 결합해 -kabi, -kebi, -kobi, -habi, -hebi, -hobi, -kūbi 의 형태를 보이기도 한다. 이 경우 ~했다, ~했었다 등으로 해석되며 부정형 -kūbi는 '~하지 않았다, 않았었다'로 해석할 수 있다.

ilhai silmen hūwa de jalu**kabi**.
꽃그늘이 뜰에 가득 찼었다.

cooha bedereme genefi jase tuci**kebi**.
군사가 물러가서 변계를 나갔었다.

tere amba tasha be sikse emu niyalma galai canggi mujasahai wa**habi**.
그 큰 범을 어제 한 사람이 맨손으로 마구 쳐서 죽였었다.

senggi omo birgan oho **bi**.
피가 연못과 시내가 되었었다.

ilan biya otolo yali i amtan be saha**kūbi**.
석 달이 되도록 고기 맛을 알지 못했다.

만주족의 팔대성씨(八大姓氏)

　만주족의 성씨는 한족과 달랐다. 청대의 대표적인 만주족 성씨에는 황실인 아이신 기오로씨 외에도 여덟 개의 성씨 즉 '팔대성'이 있었다. 청대의 귀족 가문은 바로 황족과 이들 여덟 개 만주족 가문이었다. 팔대성에는 퉁기야씨(donggiya/tunggiya hala, 佟佳氏), 구왈기야씨(guwalgiya hala, 瓜爾佳氏), 마기야씨(magiya hala, 馬佳氏), 소초로씨(socoro hala, 索綽羅氏), 치기야씨(cigiya hala, 齊佳氏), 푸차씨(fuca hala, 富察氏), 나라씨(nara hala, 納喇氏), 뇨후루씨(niohuru hala, 鈕祜祿氏)가 포함된다. 청대 고위 관리의 대다수가 팔대성 가문 출신이었고 이들은 서로 혼인관계를 통해 공고한 권력층을 형성했다. 청 황실의 황후와 비빈 역시 팔대성 가문 출신이라는 점은 황실이 정략적으로 주요 만주족 가문들과 인척관계를 맺었음을 잘 보여준다.

　팔대성 가운데 퉁기야씨는 강희제의 생모인 효강장황후(孝康章皇后)와 강희제의 빈을 배출한 것으로 유명하다. 퉁기야씨는 가문의 많은 일족들이 조정의 고위직을 맡아 당대 최고의 명문가가 되었다. 구왈기야씨 역시 유명한 황실 외척이었다. 강희제의 황비가 구왈기야씨였고 강희제의 아들 가운데 네 명이 구왈기야씨 여성과 혼인했다. 개국공신 피용돈, 강희제의 섭정 오오바 역시 구왈기야씨였다. 홍콩의 유명한 영화배우 관지림 역시 구왈기야씨의 후손이다. 한편 푸차씨 가문의 대표적인 인물로는 건륭제의 황후인 효현순황후(孝賢純皇后)와 그녀의 동생인 푸헝, 그리고 푸헝의 아들들이 있다.

　청 중엽 이후 많은 만주족들이 한족의 풍습을 따라 성씨를 바꾸었다. 퉁기야씨는 동(佟)씨, 구왈기야씨는 관(關)씨, 마기야씨는 마(馬)씨, 소초로씨는 색(索)씨, 치기야씨는 제(齊)씨, 푸차씨는 부(富)씨, 나라씨는 나(那)씨, 뇨후루씨는 랑(郎)씨로 바뀌었다. 건륭제는 만주족이 한족의 풍습을 모방하면서 고유의 정체성이 사라지는 것을 경계했지만, 그 추세를 막기에는 역부족이었다. 신해혁명으로 청이 무너진 후 많은 만주족들은 정치적 위험을 모면하고자 출신을 숨기고 살았다. 이 과정에서 많은 이들이 성씨를 한족식으로 바꾸었고 그 결과 이들의 민족적 정체성은 더욱 희미해져갔다.

초 급
만주어

제 10 강

만주어

학습

1

A: si manju gisun gisureme bahanambio?
B: bi majige bahanambi.
   daruhai baitalara gisun be gisureme mutembi.
A: si ya ba de manju gisun hergen be taciha bihe?
B: bi amba tacikū de tacihabi.

A: 당신은 만주어를 말할 줄 압니까?
B: 조금 할 줄 압니다. 일상적으로 사용하는 말을 할 줄 압니다.
A: 당신은 어디에서 만주어와 문자를 배웠습니까?
B: 대학에서 배웠습니다.

단어

- **gisun** 말
- **gisurembi** 말하다 = sembi, hendumbi
- **bahanambi** ① 이해하다, 알다 ② 남의 마음을 헤아리다, 헤아려서 맞히다
- **daruhai** 자주, 늘상
- **mutembi** 일을 하다, 잘 하다, 할 수 있다
- **ya** 어느, 어떤
- **ba** 곳, 지역, 땅 = na
- **tacimbi** 배우다, 공부하다, 학습하다
  * tacibumbi 가르치다   tacikū 학교

문장 구조

si   manju gisun gisureme bahanambio?
당신은 만주   어를   말 할 줄 압니까?

bi majige bahanambi.
저는 조금   압니다.

daruhai   baitalara   gisun be   gisureme   mutembi.
늘상/자주 *사용하는/쓰는   말을   말   할 수 있습니다.
          baitalambi의 미래형
          동사의 미래·과거형은 형용사, 부사적인 용법으로도 쓰인다.

si   ya ba de manju gisun hergen be taciha bihe?
당신은 어느 곳에서 만주어   문자를   배웠(었)습니까?

bi amba tacikū de   tacihabi.
저는 大   學 에서 배웠습니다.

2

A: manju gisun hergen tacifi udu aniya oho?
B: emgeri tofohon aniya oho.
A: manju gisun be tacirede ja nio mangga nio?
B: kiceme tacici uthai mangga ba akū.
  bi inenggidari manju hergen i bithe be hūlambi.

A: 만주어와 문자를 배운 지 몇 년 되었습니까?
B: 벌써 15년이 되었습니다.
A: 만주어는 배우기 쉽습니까, 어렵습니까?
B: 열심히 배우면 어려울 것 없습니다. 저는 매일 만문 서적을 읽습니다.

단 어

- **emgeri** ① 한 번 ② 벌써, 이미
- **tofohon** 15
- **ja** ① 쉬운, 용이한, 간단한, 경시하는 ② 싼, 가격이 싼, 흔한, 중요하지 않은 ③ 차(箚), 찰(札), 갑(閘)의 음사
- **mangga** ① 어려운, 곤란한 ② (재질이) 딱딱한, 부드럽지 않은 ③ 센, 힘이 센, 힘이 강한, 의지가 강한 ④ 뛰어난, 우수한, 능숙한, ⑤ 가격이 비싼
- **kicembi** ① 힘쓰다, 노력하다, 힘써 공부하다, 근무하다 ② 꾀하다, 도모하다
- **inenggidari** 날마다, 매일 ineggi 날 + -dari 마다, 매(每)
- **hūlambi** ① 글을 읽다, 소리 내어 읽다, 음독(音讀)하다 ② 큰 소리로 사람을 부르다 ③ 닭이 울다, 닭이 때를 알리다

문장 구조

manju gisun hergen tacifi udu aniya oho?
만주 말 문자를 배운 지 몇 해 되었습니까?

emgeri tofohon aniya oho.
이미, 벌써 15 년 되었습니다.

manju gisun be tacirede ja nio mangga nio?
만주 말을 배울 때에 쉽습니까 어렵습니까?

kiceme tacici uthai mangga ba akū.
노력해서 배우면 곧 어려운 것 없습니다.

bi inenggidari manju hergen i bithe be hūlambi.
저는 매일 만주 문(文) 으로 된 책/글 을 읽습니다.

3

A ᡶᠣᠨᠵᡳᠮᠪᡳ᠉
B ᠰᡳ ᠠᡳᠨᠠᠮᠪᡳ᠈ ᠠᡳᠨᠠᠮᠪᡳ ᠰᡝᠮᡝ ᡶᠣᠨᠵᡳᠮᠪᡳ᠉
A ᠪᡳ ᠠᡳᠨᠠᡥᠠ ᠪᡳᠴᡳ ᠠᡳᠨᠠᠮᠪᡳ᠈
ᠠᠵᡳᡤᡝ ᠨᡳᠶᠠᠯᠮᠠ ᠪᡝ ᠠᡳᠨᠠᠮᠪᡳ᠃
ᠰᡳ ᠣᡳᠯᠣᡥᠣᠰᠣ ᠠᡳᠨᠠᠮᠪᡳ᠈

B ᡶᠣᠨᠵᡳᠮᠪᡳ᠉
A ᠰᡳ ᠪᡝ ᠶᠠᠪᡠᡥᠠ᠈ ᠣᡳᠯᠣᡥᠣᠰᠣ ᡶᠣᠨᠵᡳᠮᠪᡳ᠃
B ᠠᡳᠨᠠᠮᠪᡳ᠉
A ᠪᡳ ᡶᠣᠨᠵᡳᠮᠪᡳ᠈ ᠠᡳᠨᠠᠮᠪᡳ᠉
B ᠰᡳ ᡩᡝ ᠪᠣᠯᠵᠣᠨ ᠠᡳᠨᠠᠮᠪᡳ᠉

A: si coohiyan i niyalma kai, geli ai šolo de manju i gisun be mujakū sain i taciha?

B: bi daci manju i niyalma de bithe taciha be dahame, manju i gisun be majige bahanambi.

A: si ya bade bithe taciha?

B: bi manju i tacikū de bithe taciha.

A: si ai jergi bithe be taciha?

B: bi leolen gisuren i bithe be manjurame ubaliyambuha bithe be taciha.

A: 당신은 조선 사람이죠. 또 어느 틈에 만주어를 그렇게 잘 배웠습니까?

B: 저는 만주인에게서 글을 배워서 만주어를 조금 할 줄 압니다.

A: 당신은 어디에서 글을 배웠습니까?

B: 저는 만주족 학교에서 글을 배웠습니다.

A: 당신은 어떤 책을 배웠습니까?

B: 저는 논어를 만문으로 번역한 책을 배웠습니다.

단 어

□ **coohiyan**	조선(朝鮮) = solho
□ **geli**	또, 게다가, 거기에, 다시
□ **ai**	① 남을 책망하는 말, 어이 ② 한숨 쉬는 소리 ③ 무슨, 얼마
□ **šolo**	틈, 여가
□ **mujakū**	(= dembei) ① 참으로, 몹시, 매우, 대단히 ② 충분히 ③ 바로 그, 실제로 있는, 실재의
□ **daci**	da(근원, 뿌리) + ~ci (-로부터) 원래부터, 애초에
□ **dahambi**	① 투항하다, 항복하다 ② 따르다, 隨行하다
	* ~ be dahame ~이므로, ~이기 때문에
□ **jergi**	① 겹, 중(重), 층(層) ② 부류(部類), 행열(行列) ③ 등급, 등(等), 품급, 직함, 직위 ④ (횟수) 번, 차, 회, 진(陣) ⑤ 한 세트, 일습(一

襲) ⑥ 일상의, 평상의, 보통의, 범용한, 일반적인 ⑦ (후치사) 등(等), 부류 (앞의 단어 뒤에 속격조사 i가 온다)

- **leolen gisuren i bithe** 논어(論語)
- **manjurambi** ① 만주어를 말하다, 청어(淸語)를 말하다 ② 만주족이 아닌 사람이 만주어를 하거나 만주족의 방식을 흉내 내다
- **ubaliyambumbi** ① ubaliyambi(바뀌다, 바꾸다, 변심하다, 변전하다, 뒤집히다)의 사동형 ② 번역하다 ③ 바꾸다, 뒤집다

문장 구조

si coohiyan i niyalma <u>kai</u>.
당신은 조선 의 사람입니다!(감탄, 강조)

geli ai šolo de manju i gisun be mujakū sain i taciha?
또한 무슨 틈 에 만주 의 말 을 매우 잘 배웠습니까?

bi daci manju i niyalma de bithe taciha be dahame,
저는 원래 만주 의 사람 에게 글을 배웠기 때문에

manju i gisun be majige bahanambi.
만주 의 말 을 조금 할 줄 압니다.

si ya bade bithe taciha?
당신은 어느 곳에서 글을 배웠습니까?

bi manju i tacikū de bithe taciha.
저는 만주 의 학교 에서 글을 배웠습니다.

si ai jergi bithe be taciha?
당신은 무슨 종류 글/책 을 배웠습니까?

bi <u>leolen gisuren i bithe</u> be manjurame ubaliyambuha bithe be taciha.
저는 논어(論語) 를 만주어로 번역한 책 을 배웠습니다.

문법 사항

1 kai의 용법

kai는 선행하는 문장의 내용이 틀림없다고 확신하거나 단정할 때 사용되며 감탄의 의미도 갖는다. kai는 문장 끝에 사용되며 앞의 단어와 연결해 쓰거나 띄어 쓰는 것 모두 가능하다. 그러나 kai 다음에는 기능적 관계를 더하는 접미사나 단어가 올 수 없다.

mini mafa **kai**.
나의 할아버지시다.

gurun de jobolon ombi**kai**.
나라에 우환이 된다.

kai는 생략되더라도 온전한 문장이 이루어지고 의미에 있어서도 별 차이가 없으며 의지적인 결단과 단정을 첨가하는 데에 불과하다. kai는 또한 다음과 같이 불완전한 문장에 연결되어 문장 형식을 완성시키기도 한다.

afarangge baturu sukdun de **kai**.
싸우는 것은 용기로다.

damu sakda eme bisire turgun de **kai**.
다만 노모가 계신 까닭이도다.

teni amba jabjan sehengge uthai ere jaka be **kai**.
갓 큰 구렁이라 한 것은 곧 이것이로다.

ere niyalma amba gisun tucici urunakū taciha erdemu ambula bifi **kai**.
이 사람이 큰 말[言]을 내니 반드시 배운 재주가 많이 있어서일 것이다.

2 감탄사(感歎詞)

　앞에서 살펴본 kai의 경우 문장 끝에서 감탄 혹은 강조, 단정의 의미를 나타낸다. 이와 유사한 기능을 갖는 접미사로 ni가 있다. 그러나 kai나 ni는 감탄접미사나 의성·의태어의 일부로 다루어져 감탄사와 다르게 분류되기도 한다. kai나 ni 외에 문장과 관계없이 독립적인 기능을 가지고 있는 감탄사로 ara, a/ai, ar/or, o/oi/ei, je, eng, gar, a si/cu 등이 있다. 이 감탄사들은 희노애락과 고통을 나타내거나 응답, 경탄 등을 표현한다.

ara boihoji age boode bikai.
어라! 주인 형이 집에 있구나.

je je age uttu gūnin fayaha be dahame muse jai ume anahūnjara.
오냐오냐, 형이 이리 마음을 썼으니 우리 또 사양하지 말자.

banjicibe bucecibe dahambi **ni ai**.
사나 죽으나 따르는구나, 아!

gungju **ar** seme songgome hendume,
공주가 '앙!' 하고 울며 말하길

o seme jabuha.
'오!' 하고 답했다.

sargan emke emken i **gar** seme jabuha.
아내는 하나하나씩 '예!' 하고 답했다.

emu coko holkonde jifi šuwe ibefi engge i congkici ceng ming bektereme ilifi **a si** seme bašafi jabšan de congkime goihakū.
한 마리 닭이 갑자기 와서 곧장 나아와서 부리로 쪼으니 성명(成明)은 당황하며 일어나서 '아 쉬!' 하고 쫓아서 요행으로 쪼아 맞지 않았다.

　이러한 감탄사 외에 고유명사나 보통명사, 혹은 형용사와 같은 용어들도 문장에 따라 감탄사의 역할을 한다.

amba age si aibici jihe.
큰형아! 당신은 어디에서 옵니까?

bi sargan jui emgi dengjan jafafi cincilame tuwaci **hairaka**, emu haha jui bihe.
내가 딸과 함께 등불을 잡고 살펴보니 아깝다! 한 사내 아이였다.

naranggi gaitai bucehengge be tuwaci **ai absi gelecuke ni**.
드디어 갑자기 죽은 것을 보니 아! 너무 두렵구나!

만주어 최후의 보루 시버족

오늘날 만주어를 흔히 사어(死語)로 분류하지만 만주어가 완전히 사어인 것은 아니다. 현재 중국 흑룡강성 치치하얼 부근의 삼가자촌(三家子村, ilan boo tokso)에는 소수에 불과하지만 여전히 만주어를 사용하는 만주족이 있고, 신강성 일리[伊寧] 지역의 찹찰 시버 자치현[察布查爾 錫伯自治縣]에서는 4만 명 정도의 시버족이 만주어와 거의 유사한 시버어를 사용하고 있다. 그래서 영미권에서는 만주어를 사어인 'dead language'로 분류하기보다 사어가 되어 가는 언어를 의미하는 'dying language'로 분류한다. 신강의 시버족은 만주어의 dead를 dying 상태에서 가까스로 방어하고 있는 마지막 보루인 셈이다.

그런데 역설적이게도 시버족은 만주족이 아니다. 이들은 민족적으로 만주족과 같은 퉁구스계가 아니라 몽골계로 분류되고 있다. 이들은 청대에 팔기로 편입되었지만 '시버營'(錫伯營. sibe kūwaran)으로서 독자적인 군 편제 조직을 유지했고, 만주어와 만주문자를 사용했지만 완전히 만주족화되지 않고 시버족의 독자적인 정체성을 유지했다.

시버족은 원래 흑룡강 일대에 거주했다. 청은 서몽고 오이라트의 강호 준가르부를 멸망시키고 지금의 신강 지역을 장악한 후 1764년(건륭29)에 시버족 병사의 일부를 신강의 일리 지역으로 이주시켰다. 시버족은 자신들의 언어를 만주어(manju gisun)가 아니라 시버어(sibe gisun)라고 부른다. 시버족이 자신들의 민족적 정체성과 모어를 어떻게 인식하는지와 무관하게 시버족이 유지하고 있는 언어는 사어화되어가는 만주어 연구에 매우 중요한 자료임에 틀림없다. 만주어 연구에 시버족 출신 연구자들이 두각을 나타내고 있다는 사실도 시버족이 만주어의 최후의 보루임을 시사한다.

제 11 강
인 물

1

A: ere niyalma antaka?

B: niyalma ginggun nomhon.

A: ini deo ci antaka?

B: ini deo, ini ahūn ci dacukan, majige hūdun.

A: i ya bai niyalma?

B: guwangdung ni niyalma.

A: 이 사람은 어떻습니까?

B: 사람이 공손하고 성실합니다.

A: 그의 동생보다 어떻습니까?

B: 그의 동생은 형보다 기민한데 조금 조급합니다.

A: 그는 어디 사람입니까?

B: 광동 사람입니다.

단 어

- **ginggun**　　공경, 존경, 공손한
- **nomhon**　　성실한
- **ginggun nomhon**　공손하고 성실한, 근후(謹厚)한
- **deo**　　동생　　**ahūn**　형
- **dacukan**　① 약간 날카로운 ② 약간 민첩한, 약간 기민한 ③ 약간 과감한, 좀 과단성 있는
- **hūdun**　　빠른, 빨리, 서둘러

문장 구조

ere niyalma antaka?
이　사람은　어떻습니까?

niyalma ginggun nomhon.
사람이　공손하고 성실합니다.

ini deo ci antaka?
그의 동생 보다 어떻습니까?
　　　　*ci의 비교 용법. ~보다

ini deo, ini ahūn ci dacukan, majige hūdun.
그의 동생은 그의 형 보다 기민하고 조금 급합니다

i ya bai niyalma?
그는 어느 곳의 사람입니까?

guwangdung ni niyalma.
　광동　의 사람입니다.

2

A B C

B

A: bi donjici, mursai hafan tehengge sain akū, suwe sambio?

B: ejen i sahangge umesi inu, mursai dade coohai jurgan i hafan bihe, niyalma inu hūlhi, baita de eberi bihe.

C: mursai be geren gemu doosi seme gisurembi.

B: amban bi, wargi yo be wecema genehede, tubai jeo hiyan i hafasa gemu gasandumbi, gebu algin sain akū.

A: 내가 듣기로 무르사이는 관직을 맡은 것이 좋지 않다고 한다. 그대들도 알고 있는가?

B: 폐하께서 알고 계신 것이 매우 옳습니다. 무르사이는 원래 병부의 관원이었습니다. 사람도 어리석고 업무에도 부족했었습니다.

C: 무르사이를 모두가 탐욕스럽다고 합니다.

B: 신(臣) 제가 서악(西嶽)에 제사 지내러 갔을 때에 그곳의 주현 관원들이 모두 원한을 품고 있었습니다. 평판이 좋지 않습니다.

단 어

☐ **donjici**   듣건대, 듣기로   **donjimbi** 듣다 + ~ci 가정·조건의 용법

☐ **hafan**   관원, 관직

☐ **tembi**   ① 앉다 ② 눌러앉다, 거주하다, 살다 ③ 가라앉다, 물이 괴다
　　　　　　hafan tembi 관직에 있다, 관직을 맡다

☐ **sambi**   알다, 이해하다

☐ **ejen**   원래의 의미는 '주인'. 황제에게 사용하여 폐하, 주군의 의미도 가짐.
　　　　　　* 황제에 대한 표현: ejen, dele, hūwangdi(한어 皇帝의 음사) 등

☐ **dade**   (da+de) 처음에, 원래

☐ **coohai jurgan**   병부(兵部)
　　　　　　* 육부(六部)의 만문 명칭

이부 hafan i jurgan　호부 boigon i jurgan,　예부 dorolon i jurgan
병부 cooha i jurgan　형부 beidere jurgan　공부 weilere jurgan

- **inu** ① (조사) ~도, ~ 또한 ② (부사) 또한 ③ (형용사) 옳은, 좋은 ④ (명사) 옳음 ⑤ (조동사) ~이다, 바로 그것이다 ⑥ (감탄사) 그렇다, 네, 옳다, 맞다(동의하거나 긍정하는 대답)
- **hūlhi = hūlgi** 미련한, 어리석은, 몽롱한, 애매한
- **doosi** 탐욕스러운
- **wecembi** 제사 지내다, 도신(跳神)하다, 샤먼이 기도하다, 숭배하다
- **tuba** 저기, 저곳, 그곳
- **gasandumbi = gasanumbi** 서로(모두) 원망하다, 서로 적대심을 가지다, 모두 원한을 품다
  * gasambi ① 원망하다, 앙심을 품다 ② 슬퍼하다
- **algin** ① 평판, 명성, 소문 ② 수컷 수달
- **gebu algin** 명예, 명망
- **wargi yoo** wargi는 서쪽, yoo는 한어 악(嶽, yue)의 음차이다. 서악은 화산(華山)으로 섬서성 위남시(渭南市)와 화양시(華陽市) 경내에 있으며 서안(西安)으로부터 동쪽으로 120km에 위치한다. 도교(道教)의 주류인 전진파(全眞派)의 성지이기도 하다. 동악(東嶽)인 태산(泰山), 북악(北嶽)인 항산(恒山), 중악(中嶽)인 숭산(嵩山), 남악(南嶽)인 형산(衡山)과 함께 중국 五嶽의 하나로 꼽힌다.

문장 구조

bi　donjici,　mursai　hafan tehengge sain akū,　suwe　sambio?
내가 듣기로/듣건대 무르사이가　관원　거한 것(임직한 것) 좋지 않다. 너희는　아는가?

ejen i sahangge umesi inu,　mursai dade coohai jurgan i hafan bihe,
폐하의 아신 것 매우 옳습니다. 무르사이는 원래 군대의　아문　의　관원 이었습니다.

niyalma inu hūlhi, baita de eberi bihe.
사람　　　또한 어리석고　일에　　무능　했었습니다.

mursai be　geren　　gemu doosi　　seme　gisurembi.
무르사이 를　　뭇 (사람들)　모두　탐욕스럽다 라고　말합니다.

amban bi,　　　wargi yo　be weceme　　genehede,
신　　제가　서쪽 嶽(한어의 음차)을　제사 지내러　갔을 때에(genehe+de)

tubai　　jeo hiyan　i　hafasa gemu gasandumbi, gebu algin sain akū.
그곳의 州縣(한어의 음차)의　관원들 모두　원망하고 있었습니다. 이름 명망 좋지 않습니다.

3

A: neneme mursai be niyalma nomhon, baita dekdeburakū seme gisurere de, we ajabume deribume gisurehe?

B: mursai niyalma nomhon be geren gemu sambi.

C: amban bi mursai be an i jergi sehe dabala, baita dekdeburakū seme gisurehe ba akū.

A: jai we baita dekdeburakū seme jongko, erebe tucibume wesimbu.

A: 예전에 무르사이가 사람이 성실하고 사단을 일으키지 않을 것이라고 말했을 때, 누가 맨 처음 말을 시작했는가?

B: 무르사이가 사람이 성실하다는 것을 모두들 압니다.

C: 신 저는 무르사이를 평범하다고 했을 뿐, 사단을 일으키지 않을 것이라고 말한 적은 없습니다.

A: 또 누가 (무르사이가) 사단을 일으키지 않을 것이라 말했는지 이를 밝혀 상주하라.

단어

- **dekdeburakū** dekdebumbi(일으키다)의 부정형, 일으키지 않다
- **baita dekdebumbi** 일을 일으키다, 사단을 일으키다
- **ajabumbi** ① 시작하다 ② 베이다, 상처를 입다 ③ 잘라서 가르다
- **ajabume gisurembi** 말을 끄집어내다
- **an i jergi** 평상, 늘상, 보통, 중간
- **dabala** 밖에, 뿐, 외에
- **jongko** jombi가 다음과 같은 뜻을 나타낼 때의 과거형
  ① 생각해내다, 지난 일을 말하다, ② 태아가 뱃속에서 움직이다, 태동(胎動)하다
- **jompi gisurembi** 지난 일을 생각해내어 말하다
- **tucibumbi** tucimbi의 사동형/피동형. 끄집어내다, 나타내다, 드러내다, 나가게 하다, 내보내다, 발인시키다, 구출하다, 내밀다, 펴내다, 추천하다, 천거하다
- **wesimbu** wesimbumbi의 명령형. 상주하라
  * wesimbumbi는 wesimbi(오르다, 승진하다)의 사동형/피동형으로 '올리다, 상주(上奏)하다, 승진시키다(=wesibumbi)' 등의 뜻을 갖는다.

문장 구조

neneme mursai be niyalma nomhon,
예전에　　무르사이 *가　　사람이　성실하다
* 원래 be는 목적격 조사(을, 를)이고 이 문장에서도 거론되는 대상이므로 '을, 를'의 의미로 해석될 수 있다. 이 경우 be는 '~에 대해'라는 뜻으로 이해하면 된다.

baita dekdeburakū seme　　gisurere de,
사단을 일으키지 않을 것이라고　　말할　　때에

we ajabume deribume gisurehe?
누가 먼저 끄집어내 시작해　말했는가?

mursai niyalma nomhon be　geren　gemu sambi.
무르사이가 사람이　성실하다는 것을　뭇 사람들　모두　압니다.

amban bi mursai be an i jergi sehe dabala,
신　저는 무르사이를　평범하다고　했을　뿐입니다.

baita dekdeburakū seme gisurehe ba akū.
사단을 일으키지 않을 것이라고　말한　적/바 없습니다.

jai we　baita dekdeburakū seme jongko,
또 누가　사단을 일으키지 않을 것이라고　*말했는지(혹은 생각했는지)
　　　　　　　　　　　　　　　　* jongko는 '생각해내다', '(지난 일을) 말하다'라는 뜻의 jombi의 과거형이다.
　　　　　　　　　　　　　　　　이 문장에서 jongko는 무르사이가 사단을 일으키지 않을 것이라고 생각했던 혹은 말했던 것을 의미한다.

erebe　tucibume　　wesimbu.
이를　　밝혀서　　　상주하라.(wesimbumbi의 명령형)
　　　(tucimbi의 사동/피동형 tucibumbi+~me)

문법 사항

1 부정문

1) 동사 부정형은 관형형(-ra/-re/-ro, -ha/-he/-ho, -ka/-ke/-ko)과 akū '없다'가 융합된 -rakū(비완료), -hakū/-hekū, -kakū/-kekū(완료)가 쓰인다. 다만 bi '있다'의 부정형은 akū '없다'이다.

   taci- '배우다' : tacirakū '배우지 않다'
   ji- '오다' : jihekū '오지 않았다'

2) 형용사 부정형은 akū '없다'를 뒤에 둔다.

   golmin 길다 : golmin akū 길지 않다

3) 명사 부정형은 waka '아니다'를 뒤에 둔다.

   age waka 형이 아니다
   weile waka 죄가 아니다

2 명령형

1) 몇 개의 불규칙형을 제외하고 모두 동사의 어간으로 이루어진다.

   ex) ilimbi- ili 일어나라   ilibumbi-ilibu 일으키라
       aliyambi-aliya 기다리라 yabumbi-yabu 행하라
       gisurembi-gisu 말하라   omimbi- omi 마셔라   bumbi- bu 주어라

2) 불규칙형

   -so/su; oso(ombi) 되어라, bisu(bimbi) 있으라, baisu(baimbi) 찾아라/구하라, gaisu(gaimbi) 받아라

-fu; jefu(jembi) 먹어라
-o/u; jio/ju(jimbi) 오라, alanju(alambi) 알려오라, buo(bumbi) 달라/주어라,
　　gaju(gajimbi) 가져오라
-nu; tucinu(tucinambi 나가다) 나가거라
　　wasinu(wasinambi 내려가다) 내려가라
　　wesinu(wesinembi 올라가다) 올라가라
　　teyenu(teyenembi 쉬어가다) 쉬어가라
　　juranu(juranambi 떠나가다) 떠나가라

3　의구형 -rahū

동사의 의구연용형. 미래에 실현이 예상되는 일에 대한 화자의 염려, 두려움을 나타낸다. 즉 '~할까 염려된다', '~할세라'

cimari gūwa niyalma sabuha de too**rahū**.
내일 다른 사람이 보면 욕할세라.

simbe aikabade burakū ojo**rahū** seme cohome jombume jihe.
너를 행여 주지 않을까 하여 일부러 권하러 왔다.

4　희망 · 욕구형: -ki와 -kini

1) -ki는 화자의 의지와 욕망을 나타낸다. 즉 화자가 '(본인이)~을 하고 싶다'라는 의미이다.

šolo baifi eme be beneme gene**ki** serengge,
휴가를 청해 어머니를 보내러 가고 싶다고 한 것

muse tubade dedume yo**ki**.
우리 저기에 자러 가자.

te gelhun akū fonji**ki**.
지금 감히 묻겠다.

orho turi be gajifi ucume bufi ebitele jekini muse dedume gene**ki**.
여물과 콩을 가져와 버무려 주고 배부르도록 먹게 하고 우리는 자러 가자.

2) -kini는 소위 방임 혹은 허락의 의미를 갖는다. 화자를 제외한 청자 혹은 제3자가 아직 행하지 않은 일을 행하거나 아직 실현되지 않은 일이 실현되어도 좋다고 허락하거나 실현되기를 바란다는 뜻을 나타낸다. 즉 '(상대방에게)~해도 좋다', 좀 더 강하게는 명령에 가까운 의미도 된다.

šolo bufi da bade bene**kini**.
휴가를 주어 고향에 보내도 좋다.

▶ 이 문장에서 휴가를 가는 사람은 화자가 아닌 제3자이다. 제3자가 휴가를 가는 것을 화자가 허락하고 있다.

šolo baifi eme be beneme gene**ki** serengge,
휴가를 청해 어머니를 보내러 가고 싶다고 한 것

▶ 이 문장에서는 말한 주체, 즉 serengge의 주체가 휴가를 청해 어머니를 전송하고 싶은 주체이므로 ki를 사용했다.

5 청유형 −rao/reo/roo, −cina

미연형 −ra/re/ro에 의문접미사 o가 첨가된 형태로 아직 실현되지 않은 일이 실현되도록 상대방에게 청원할 때 쓰인다. '~하시지오', '~하소서', '~하려무나'

udu untuhun buda bicibe ebitele jete**reo**.
비록 맨밥이지만 배부르도록 먹으소서.

moro bici emke bu**reo**.
사발 있거든 하나 주시지요.

만주족의 성씨

만주족은 일상생활에서 성을 거의 사용하지 않았다. 그러한 관행과 함께 만주족에게는 이름의 첫 음을 마치 성처럼 사용하는 독특한 관행이 있었다. 예컨대 청 중기의 관원인 나단주(Nadanju, 那丹珠)는 사람들로부터 '나대인(那大人)'이라고 불렸다. '나대인'이라는 호칭을 보면 그의 성이 '나'인 것 같지만, 사실 그의 성은 '기오르차(Giorca)'였다. 마찬가지로 동치 연간의 고관이었던 뇨후루(Niohuru) 성의 잘라풍가(Jalafungga, 扎拉豐阿)는 '자대야(扎大爺)'로 불렸다. 이름의 첫 음인 '자'가 '大爺'라는 존칭의 앞에 붙어 마치 성처럼 쓰였던 것이다. 마지막 황제 푸이(Pui, 溥儀)의 동생인 푸지에(Pujie, 溥傑)는 말년에 주위 사람들로부터 '푸라오(溥老, Pu Lao)'라고 불렸다. 푸지에는 본래의 성인 '아이신 기오로'보다 진(Jin, 金)이라는 중국식 성을 주로 썼으나, 주위 사람들은 그를 '진 라오' 혹은 '아이신 기오로 라오'로 부르지 않고 이름의 첫 음인 '푸'를 성처럼 불렀던 것이다.

만주족의 이런 유사(類似) 성(姓)을 중국 학계에서는 '수명성(隨名姓)'이라고 부른다. '수명성'의 관행이 언제부터 시작되었는지는 명확하지 않지만, 아마도 1644년 만주족이 중국 내지에 진입한 후 생겨난 것으로 보인다. 만주족이 본래의 성을 일상에서 사용하지 않으면서 성을 관직이나 존칭의 앞에 두어 부르는 한인의 관습을 따른 결과 '수명성'의 관행이 나타난 것으로 생각된다. 이 때문에 많은 한인들은 만주족의 아버지와 아들이 서로 다른 성을 쓴다고 오해 하기도 했다. 앞의 몇 사례들은 한 개인의 이름의 첫 음절이 성처럼 사용된 경우이지만, '수명성'은 개인에 국한되지 않고 가족 단위에서 대대로 계승되기도 했다.

제 12 강

역사

1. 태조 누르하치의 만문창제

ᠵᡠᠸᡝ ᠪᡳᡨᡥᡝ ᠪᠠᠨᠵᡳᡴᡳᠨᡳ᠈
ᠮᡠᠰᡝ ᠨᡳ ᡤᡠᡵᡠᠨ ᡳ ᡤᡳᠰᡠᠨ ᠪᡝ
ᠠᡵᠠᠴᡳ ᠣᠵᠣᡵᠠᡴᡡ᠈ ᠮᡠ
ᠰᡝ ᠨᡳ ᡤᡠᡵᡠᠨ ᡳ ᡤᡳᠰᡠᠨ
ᠪᡝ ᠠᡵᠠᠴᡳ ᠣᠵᠣᡵᠠᡴᡡ᠈

ᠵᡠᠸᡝ ᠪᡳᡨᡥᡝ᠈
ᠮᡠᠩᡤᠣ ᠪᡳᡨᡥᡝ
ᠪᡝ ᡨᠠᠴᡳᡴᠠ
ᡴᡳ ᠰᡝᡵᡝᠩᡤᡝ᠈
ᠮᡠᠩᡤᠣ ᡤᡳᠰᡠᠨ ᠪᡝ ᠠᡵᠠᠴᡳ

taidzu sure beile hendume, a sere hergen ara. a i fejile ma sindaci ama wakao. e sere hergen ara. e i fejile me sindaci eme wakao. mini dolo gūnime wajiha. suwe arame tuwa, ombi kai seme emhun marame monggorome hūlara bithe be manju gisun i kūbulibuha. tereci taidzu sure beile manju bithe be fukjin deribufi manju gurun de selgiyehe.

태조 수러 버일러가 말하길, "'아'라는 문자를 쓰라. '아'의 아래에 '마'를 놓으면 '아마'(ama, 부친)가 아닌가. '어'라는 문자를 쓰라. '어'의 아래에 '머'를 놓으면 '어머'(eme, 모친)가 아닌가. 내 마음속으로 다 생각해 놨다. 너희는 써 보라. 될 것이다."라고 홀로 고집해 몽고어로 읽는 글을 만주어로 바꾸었다. 그로부터 태조 수러 버일러는 만주 글을 처음으로 만주국에 반포했다.

단어

- **taidzu sure beile** 태조 수러 버일러. 태조 누르하치의 존호. 수러(sure)는 현명하다, 총명하다는 뜻의 몽골어에서 유래한다. 버일러(beile)는 원래는 여진족 수장의 명칭으로 사용되다가 팔기가 형성되면서 기(旗)를 관할하는 수장을 가리키게 되었다. 누르하치의 아들과 조카들이 버일러에 임명되었다. 후금의 작위제도가 만들어진 후에는 작위의 명칭으로 사용되었고 친왕(親王)과 군왕(郡王) 아래에 위치했다.
- **suduri** 역사
- **ama** 아버지
- **eme** 어머니
- **fejile** 아래
- **sindambi** ① 두다, 놓다 ② 석방하다, 놓아주다 ③ 장기를 두다, 바둑을 두다 ④ 관리에 임명하다 ⑤ 매장하다 ⑥ 불 놓다, 점화하다, 총을 쏘다, 대포를 쏘다 ⑦ 녹다 ⑧ 꾸리다, 세우다, 설치하다

☐ **wajimbi** 끝나다, 마치다
☐ **tuwa** tuwambi(보다)의 명령형 '보라'
☐ **emhun** 홀로
☐ **marambi** 고집하다
☐ **monggorombi** ① 몽고어를 말하다, 몽고인처럼 행동하다 ② 축국(蹴鞠)을 뒤로 높이 차다
☐ **kūbulibumbi** kūbulimbi(변하다, 바꾸다)의 사동형. 변하게 하다, 바꾸다. 변화시키다
☐ **fukjin** 개창, 최초, 머리말, 기초
☐ **deribumbi** ① 창시하다, 시작하다 ② 음악을 연주하다.
☐ **selgiyembi** 반포하다, 포고(布告)하다, 명령을 전하다, 전하여 고하다, 선전하다.

<『만주실록』 만문창제 관련 부분>

礦　炒鐵開金銀

始　○三月始

字自　太祖

創制滿洲文

成國語頒行

將蒙古字編

瑪字此非阿

阿字下合一

太祖曰寫

不能故難耳

編成句吾等

最善但因翻

言編成文字

曰以我國之

額爾德尼對

為易耶噶蓋

習他國之言

編字為難以

以本國言語

知矣何汝等

可也於是自

矣爾等試寫

母也吾意決

額黙乎額黙

一黙字此非

也額字下合

瑪乎阿瑪父

2. 만주족의 시조 설화

제12강 역사 161

manju gurun i da, golmin šanggiyan alin i šun dekdere ergi bukūri gebungge alin bulhūri gebungge omoci tucike, tere bukūri alin i dade bisire bulhūri omo de abkai sargan jui enggulen, jenggulen, fekulen ilan nofi ebišeme jifi muke ci tucifi etuku etuki sere de, fiyanggū sargan jui etukui dele enduri saksaha i sindaha fulgiyan tubihe be bahafi na de sindaci hairame angga de ašufi etuku eture de ašuka tubihe bilha de šuwe dosifi, gaitai andande beye de ofi, wesihun geneci ojorakū hendume mini beye kušun ohobi, adarame tutara sehe manggi, juwe eyun hendume, muse lingdan okto jekebihe, bucere kooli akū, sinde fulingga bifi kušun ohobidere beye weihuken oho manggi, jio seme hendufi genehe, fekulen tereci uthai haha jui banjiha, abka i fulinggai banjibuha jui ofi uthai gisurembi, goidaha akū ambakan oho manggi eme hendume jui simbe abka facuhūn gurun be dasame banjikini seme banjibuhabi, si genefi facuhūn gurun be dasame toktobume banji seme hendufi abka i fulinggai banjibuha turgun be giyan giyan i tacibufi weihu bufi, ere bira be wasime gene sefi, eme uthai abka de wesike,

만주국의 기원은 장백산의 해 뜨는 쪽 부쿠리라 부르는 산의 불후리라는 연못에서 나왔다. 그 부쿠리 산의 기슭에 있는 불후리 연못에 하늘의 처녀 엉굴런, 정굴런, 퍼쿨런 세 명이 목욕하러 와서 물에서 나와 옷을 입으려 할 때 막내 처녀는 옷 위에 신령한 까치가 놓아둔 붉은 열매를 얻어서, 땅에 놓자니 아까워서 입에 머금고 옷을 입었는데 머금은 과일이 목구멍에 곧바로 들어가서 갑자기 순식간에 임신하여 올라갈 수 없게 되었다. 말하기를 "내 몸이 무겁게 되었어요. 어찌 하나요 남겨지면"이라고 하자, 두 언니가 말하기를 "우리들은 영단 약을 먹었으니 죽을 리 없어. 너에게 천명이 있어 몸이 무거워진 것 같다. 몸이 가벼워진 후에 오너라."라고 말하고 갔다. 퍼쿨런은 그 후 곧 남자아이를 낳았다. 천명으로 낳은 아이여서 즉시 말을 했다. 오래지 않아 아이가 조금 자라게 되자 어머니가 말하기를 "아들아, 너를 하늘이 혼란한 나라를 다스리며 살라고 태어나게 했다. 너는 가서 혼란한 나라를 다스려 평정하고 살아라."라고 말하고 천명으로 태어난 이유를 조목조목 가르치고, 통나무배를 주고 "이 강을 내려가거라"라고 말하고, 어머니는 곧 하늘로 올라갔다.

단어

- **golmin šanggiyan alin**　장백산(長白山)
  　　　　　　　golmin 길다, 長　　šanggiyan 하얀, 白　　alin 산
- **šun**　　　　해
- **dekdembi**　뜨다, 일어나다
- **ergi**　　　방향, 방면, 쪽
- **šun dekdere ergi**　해 뜨는 쪽, 즉 동쪽
- **tucike**　　tucimbi(나오다)의 과거형.
- **dade**　　기슭에
- **bisire**　　있는 (bimbi의 비완료 동사형)
- **omo**　　연못
- **abka**　　하늘

- ☐ **sargan jui** 여자 아이, 아내 ↔ haha jui
- ☐ **nofi** (사람을 세는 단위) 명
- ☐ **ebišembi** 목욕하다
- ☐ **jimbi** 오다
- ☐ **muke** 물
- ☐ **etuku** 옷
- ☐ **etumbi** 옷을 입다
- ☐ **enduri** 신령
- ☐ **saksaha** 까치
- ☐ **fulgiyan** 붉다
- ☐ **tubihe** 열매
- ☐ **hairambi** 아까워하다, 애석해 하다
- ☐ **angga** 입, 구두(口頭)
- ☐ **ašumbi** 입에 물다, 머금다
- ☐ **bilha** 목구멍
- ☐ **šuwe** ① 활달한 ② 곧, 바로, 곧장, 매우, 직접, 언제나, 철저히 ③ 설(說), 삭(朔)의 음사
- ☐ **dosimbi** (과거형 -ka) ① 들어가다, 전진하다, 진입하다, 밀고 나아가다 ② 함정에 빠지다, 떨어지다 ③ 시험에 합격하다 ④ (씨름용어) 틈을 보고 밀고 나아가다, 틈을 보고 진입하다
- ☐ **gaitai** 갑자기, 홀연히
- ☐ **andande** 잠깐 동안에, 순식간에, 갑자기
- ☐ **gaitai andande** 순식간에, 갑자기
- ☐ **beye de ombi** = beye de bimbi = beye jursu = fejile bimbi 임신하다
- ☐ **wesihun** ① 흥성한, 번성한, 크게 발전한 ② 귀한, 존귀한 ③ 위의, 위쪽의, 높은 ④ 동쪽의
- ☐ **genembi** 가다, 간다, 갈 것이다
- ☐ **kušun** ① 편안하지 않은, 아픈, 언짢은, 불쾌한 ② 갑갑한 ③ 옷이 맞지 않는

☐	**adarame**	어찌, 어찌하여
☐	**tutambi**	뒤떨어지다. 머무르다, 남다, 후세에 남다, 낙오하다, 기한을 넘기다
☐	**manggi**	① (부사) 기껏해야, 다만 = manggai ② (후치사) ~후에, ~이후, ~뒤에 (이 경우 앞에 동사가 선행한다. '~ manggi ~ geli'의 형식으로 쓰여서 '뿐만 아니라'의 의미로도 쓰인다) ③ 함께 (이 경우 앞에 속격조사 i가 선행한다)
☐	**eyun**	언니
☐	**lingdan**	영단(靈丹), 신령한 단약(lingdan okto)
☐	**okto**	약
☐	**bucembi**	① 죽다 ② (강조하는 말) 매우, 죽도록
☐	**kooli**	① 기율, 규정, 법규, 원칙 ② 의례, 예절, 관례 ③ 도리, 례(例) ④ 기록
☐	**kooli akū**	규칙·제도가 없는, 전례가 없는
☐	**fulingga**	하늘로부터 복 받은, 천명(天命)을 받은
☐	**weihuken**	가벼운, 경박한, 진지하지 않은
☐	**uthai**	① 곧바로, 즉각 ② 그대로, ~대로 ③ 평상의, 보통의
☐	**banjimbi**	① 태어나다 ② 혈연적으로 '친(親)'의 관계에 있다. 즉 친부, 친모 등 ③ 자라다, 생장하다 ④ 살다, 생활하다 ⑤ (분노가) 나다, 발생하다
☐	**goidambi**	늦다, 길어지다, 더디다, 오래다, 지각하다
☐	**goidaha akū**	오래지 않아, 이윽고
☐	**ambakan**	약간 큰
☐	**facuhūn**	① 혼란, 문란 ② 음란, 음탕 ③ 반란(叛亂), 혼란
☐	**gurun**	나라, 국인(國人)
☐	**dasambi**	① 다스리다, 통치하다 ② 개정하다, 개수하다, 개선하다, 개량하다 ③ (글을) 퇴고하다, 바로잡다 ④ 치료하다 ⑤ 수리하다
☐	**toktobumbi**	평정하다, 진정시키다, 활의 표적을 정하다, 매듭지어지다, 결정되다
☐	**turgun**	까닭, 원인

	giyan	① 원리, 도리, 이치, 당연, 절차 ② 건(件)의 음사 ③ 간(間)의 음사 (단위) 주택의 間 = giyalan ④ 검(檢), 감(監), 간(柬), 간(諫) 등의 음사
	giyan giyan i	건건마다, 매 건마다, 상세하게, 조목조목
	tacibumbi	가르치다
	weihu	카누, 통나무배, 마상이
	bumbi	주다
	wasimbi	① 떨어지다, 낙하하다 ② 가격이 떨어지다 ③ 야위다, 수척해지다 ④ 쇠퇴하다, 쇠락하다
	wesimbi	승진하다, 오르다, 높이 올라가다, 성공하다

문장 구조

manju gurun i da golmin šanggiyan alin i šun dekdere ergi
만주 국 의 근원 장 백 산의 해 뜨는 쪽

bukūri gebungge alin bulhūri gebungge omoci tucike,
부쿠리라 하는 산 불후리 라고 하는 연못에서(omo+~ci) 나왔다.

tere bukūri alin i dade bisire bulhūri omo de abkai sargan jui enggulen,
그 부쿠리 산의 기슭에 있는 불후리 연못에 하늘의 처녀 엉굴런,

jenggulen, fekulen ilan nofi ebišeme jifi muke ci tucifi etuku etuki sere de,
정굴런, 퍼쿨런 세 명이 목욕하러 와서 물에서 나와 옷을 입으려고 하는데

fiyanggū sargan jui etukui dele enduri saksaha i sindaha fulgiyan tubihe be
막내 처녀의 옷의 위에 신령한 까치 의(가) 놓은 붉은 열매 를

bahafi na de sindaci hairame angga de ašufi etuku eture de ašuka tubihe
얻어서 땅 에 놓으면 아까워서 입 에 물고 옷을 입으려는데 입에 문 열매가

bilha de šuwe dosifi, gaitai andande beye de ofi, wesihun geneci ojorakū
목구멍으로 곧바로 들어가 순식간에   임신하여 올라 갈 수 없게 되어

hendume mini beye kušun ohobi, adarame tutara sehe manggi, juwe eyun
말하길 "나의 몸이 불편해졌어요. 어찌 남나요." 라고 하자 두 언니가

hendume, muse lingdan okto jekebihe, bucere kooli akū,
말하길, "우리는 영단(靈丹)약을 먹었다.   죽을 리 없다.

sinde fulingga bifi kušun ohobidere beye weihuken oho manggi, jio seme
너에게 천명이 있어서 불편 해진 것이겠지. 몸이 좀 가벼워 진 후에 오너라" 라고

hendufi genehe, fekulen terici uthai haha jui banjiha, abka i fulinggai
말하고 갔다. 퍼쿨런은 그로부터 곧 남자 아이를 낳았다. 하늘의 *명으로
                                        * 격조사 i가 도구·수단의 의미로 사용됨

banjibuha jui ofi uthai gisurembi, goidaha akū ambakan oho manggi eme
태어난 아이여서 곧 말을 했다. 오래지 않아 좀 크게 된 후 어머니가

hendume jui simbe abka facuhūn gurun be dasame banjikini seme
말하길 "아이야. 너를 하늘이 혼란한 나라를   다스리며   *살라고(kini의 용법)
                                        *kini 화자가 청자나 제3자에게 원하는 바를
                                         의미함. ~해도 좋다 혹은 ~하라

banjibuhabi, si genefi facuhūn gurun be dasame toktobume banji seme
낳으셨다. 너는 가서 혼란한 나라를 다스리고 평정해 살아라." 라고

hendufi abka i fulinggai banjibuha turgun be giyan giyan i tacibufi weihu
말하고 하늘 의 명으로 낳은 연유를 조목조목   가르치고 나룻배를

bufi, ere bira be wasime gene sefi, eme uthai abka de wesike.
주고 "이 강을 내려 가라"라고 하고 어머니는 즉시 하늘로 올라갔다.

<『만주실록』 中 장백산, 시조설화 관련 삽화>

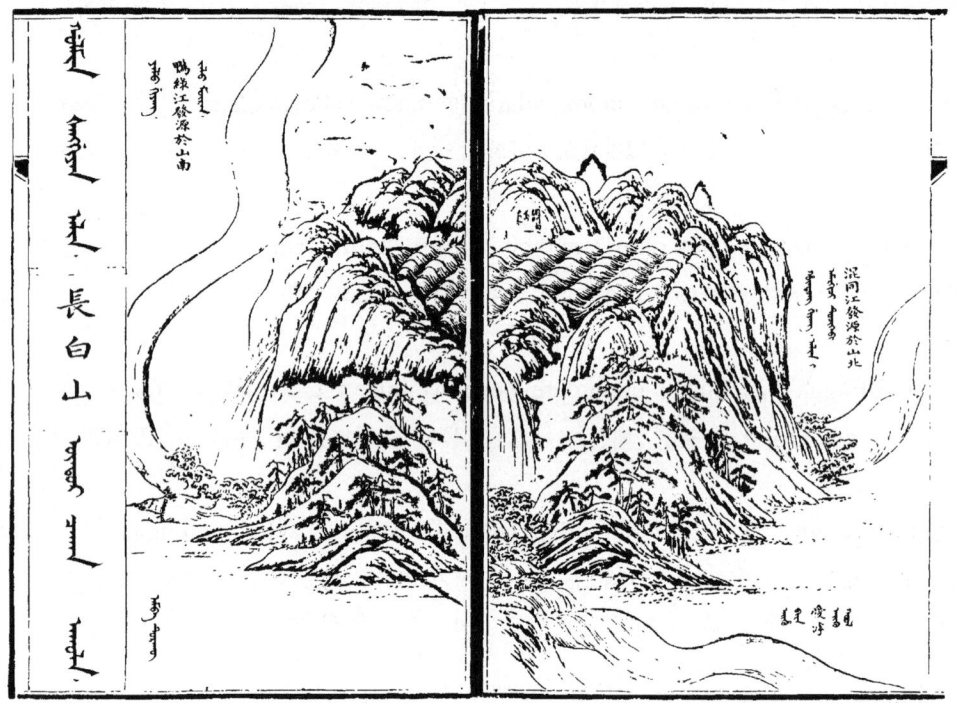

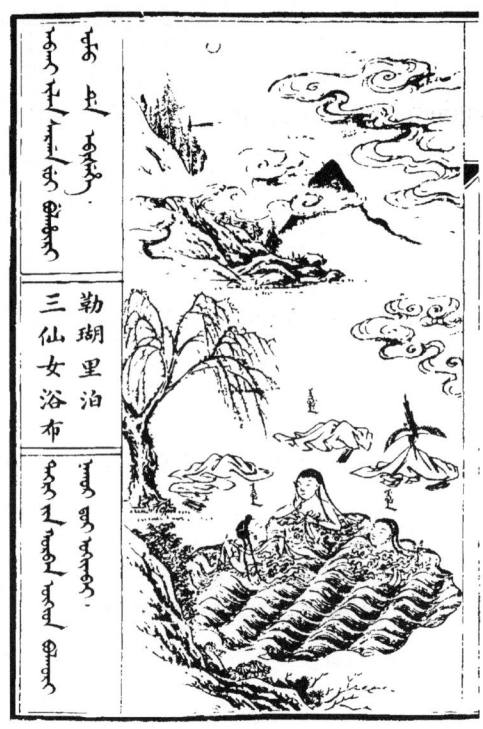

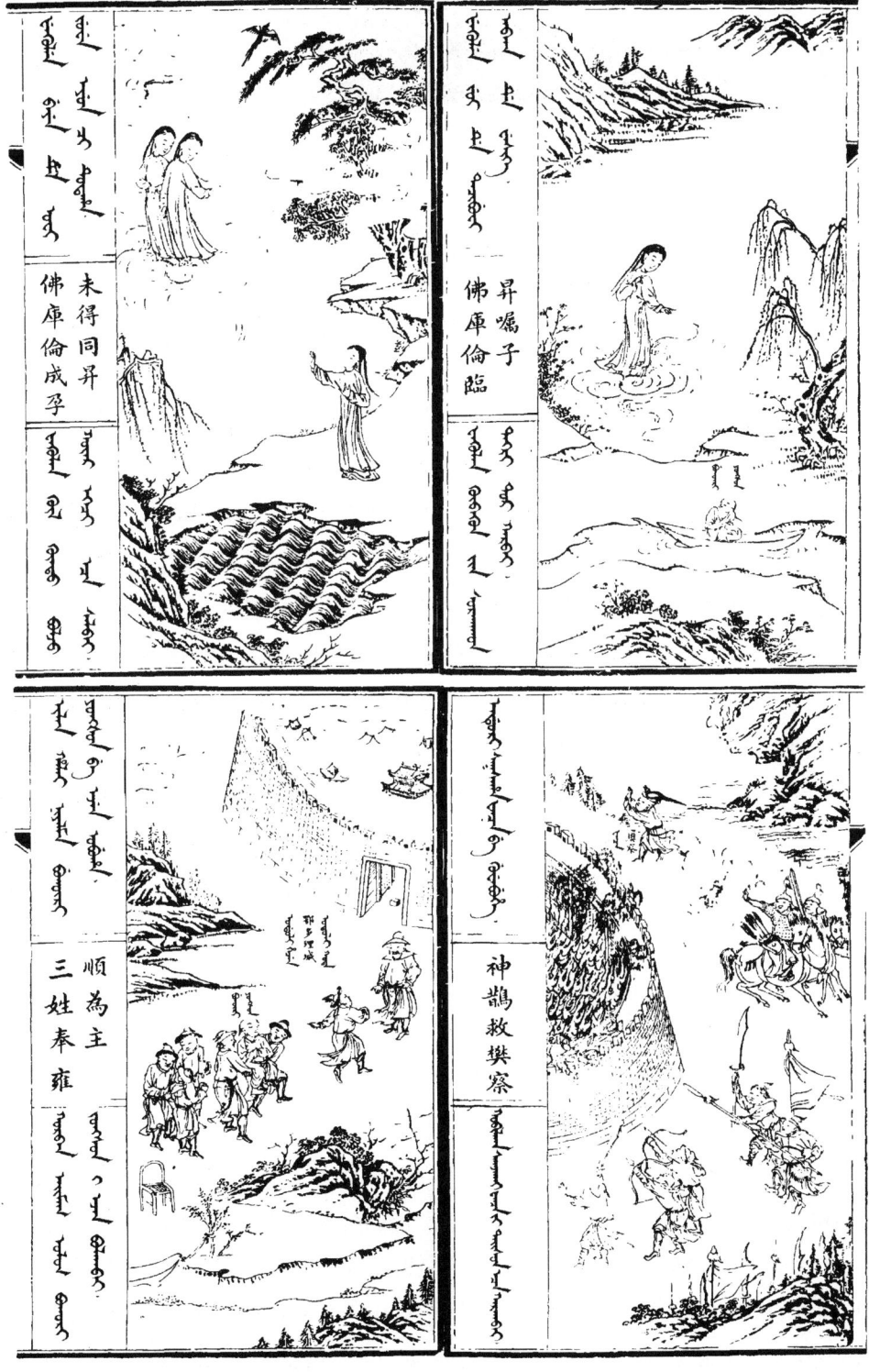

역사인가 신화인가?
『만주실록』(滿洲實錄, Manju i yargiyan kooli)

『만주실록』은 만주족의 조상과 청 태조 누르하치의 사적을 서술한 관찬 기록이다. 이 책은 대부분을 누르하치의 일대기에 할애하고 있기 때문에 '만주족의 실록'이라는 제목과 무관하게 실질적으로 '청 태조의 실록'이다.

청조(후금) 최초로 실록을 편찬하려는 시도는 청 태종 홍타이지의 재위기에 후금이 중국의 문화적 영향을 광범위하게 접하면서 나타났다. 천총 7년(1633) 10월 홍타이지는 문관들에게 태조실록을 편찬할 것을 명령했고, 천총 9년(1635) 청조 최초 실록의 그림 부분이 화가인 장검(張儉)과 장응괴(張應魁)에 의해 완성되었다. 이 실록의 편찬은 중국 문화의 영향을 받고 시작된 것이었지만, 구체적인 체제에는 만주족의 독특한 모습이 담겨 있었다. 무엇보다 누르하치의 행적을 그림으로 그린 것이 가장 두드러진 특징이었다. 청조 최초의 이 실록은 처음에 그림으로 구성되었기 때문에 『태조실록도(太祖實錄圖)』라고 불렸다. 이 실록의 문자 부분이 완성된 것은 숭덕 원년(1636) 11월이었다. 이때 만문·몽문·한문의 세 가지 문자로 완성된 태조실록이 『태조무황제실록』이다.

숭덕 원년에 완성된 『태조무황제실록』은 중국의 전통적인 실록 체제와는 다른 점이 많았다. 황제의 어제서(御製序)나 목록, 범례 및 편수자의 관직명표가 없고 누르하치에 대한 호칭도 다양할 뿐만 아니라 날짜 표기도 간지(干支)를 사용하지 않았다. 이후 『태조무황제실록』은 여러 차례 개찬 과정을 통해 내용상 수정이 가해졌다. 청 태종 시기에는 홍타이지의 친모에 대한 미화가 강조되었고 도르곤 섭정 시기에는 누르하치 사후 순장을 당한 도르곤의 모친에 대한 부정적인 서술이 삭제되기도 했다. 순치 연간의 개찬에서는 도르곤에 대한 찬양이 삭제되고 도르곤 생모에 대한 불리한 구절이 다시 삽입되었다.

『태조무황제실록』은 강희기에 다시 중수되었는데 이때 중수된 태조실록은 강희 원년(1662)에 새롭게 정해진 태조 누르하치의 시호에 따라 『태조고황제실록』으로 명칭이 바뀌었다. 내용 면에서도 중국 역대 왕조의 전통적인 방식에 따라 실록의 편찬 체제가 완비되었으며 분량도 4권에서 10권으로 크게 증가해 서·표·범례·목록을 포함해 전체 12권이 되었다. 연월일의 표기법도 간지로 통일되었고 인명과 지명의 번역어 역시 고상해졌으며 황제와 황후를 피휘(避諱)하고 청 태조는 모두 '상(上, dergi)'로 호칭했다. 또한 누르하치 시기의 상황이 강희기 당시의 시각으로 수정되었는데, 예컨대『태조무황제실록』에서 '대명(大明)'이라고 했던 부분을 모두 '명국(明國)'으로 바꿈으로써 후금이 명과 대등한 지위에 있었던 것으로 묘사했다.

　강희기『태조고황제실록』은 옹정 말년에 또다시 수정되었다. 옹정 12년(1734) 대학사 오르타이(Ortai, 鄂爾泰)가 태조·태종·세조의 실록에 등장하는 인명과 지명이 강희제의 실록인『성조인황제실록(聖祖仁皇帝實錄)』과 일치하지 않음을 바로잡아야 한다고 상주해 이후『태조고황제실록』에 대한 전면적인 교정 작업이 시작되었다. 건륭 4년(1739) 12월에 완성된 이 실록은 청 태조의 시호에 '단의흠안(端毅欽安)'이 추가되면서 공식적인 서명 역시 바뀌었다. 이로써 현재 우리가 알고 있는『태조고황제실록』의 정본(定本)이 마침내 완성되었다.

　『만주실록』은 건륭 44년(1779)경에 완성되었다. 이 실록은 청대에 이루어진 청 태조실록의 마지막 편찬물이라고 할 수 있다. 여기에는 과거 태종 시기에 그려진『태조실록도』를 다시 그려 삽도로 배치하는 작업이 포함되었다.『만주실록』은 건륭 44년에 2부가 완성되었고 북경의 상서방(上書房)과 성경의 궁궐 숭모각(崇慕閣)에 각각 한 부씩 보관되었다. 이후 건륭 46년(1781)에 한 부가 다시 추가 제작되어 열하(熱河)의 피서산장(避暑山莊)에 보관되었다.『만주실록』은 일반 실록과 달리 그림이 삽입되어 문장과 내용에 생동감이 더해졌고 각 폭의 삽화가 내용을 구분해주는 장절의 기능까지 담당했다. 또 만문·한문·몽문이 각각 대칭을 이루며 한 장의 지면에 삼단 배치되어 쓰인 것도 이 책의 특이한 점이다.『만주실록』의 만문 명칭은 'Manju i yargiyan kooli' 즉 '만주족의 사실에 대한 전례' 혹은 '만주족의 실록'이라는 의미이다. 책 제목을 '만주족의 실록'이라고 명명한 배경에는 누르하치의 험난했던 청조 건립 과정을 상기시킴으로써 쇠퇴해가던 만주족의 상무정신과 정체성을 진작하기 위한 건륭제의 희망이 담겨 있었다.

　『만주실록』을 비롯해 건륭기에 편찬된 개국 역사자료는 강희기에 중수된『태조고황제실록』과는 다른 의도로 편찬되었다. 강희기의『태조고황제실록』이 누르하치의 언행을 미화하고 문장을 고상하게 다듬었던 것에 비해, 건륭기에 편찬된 개국 역사 자료는 누르하치의 용맹하고 순박한 풍모를 드러냄으로써 만주족의 옛 전통과 상무성을 강조하고자 했다. 특히『만주실록』만문본이 청 초기 기록에 가깝다는 증거는 누르하치의 호칭과 날짜 표기법에서 찾을 수 있다.『만주실록』한문본이 누르하치를 '태조'라고 부르고『태조고황제실록』에서는 '상'이라고 부르는데 비해,『만주실록』만문본은 '타이주 수러 버일러(taidzu sure beile)', '타이주 쿤둘런 한(taidzu kundulen han)', 타이주 경기연 한(taidzu genggiyen han)' 등 다양한 호칭이 사용된다. 이는 누르하치의 지위가 변화하는 과정을 보여줄 뿐만 아니라 당시 만주족 사회에 한족의 영향이 아직 크지 않음을 보여준다고 할 수 있다.『만주실록』만문본의 날짜 표기 역시 중국식의 간지를 사용하지 않고 2월을 '봄의 중간 달(niyengniyeri dulimbai biya)', 4월을 '여름의 첫 번째 달(juwari ujui biya)', 9월을 '가을의 마지막 달(bolori dubei biya)'로 표기하는 독특한 표기법을 보여준다.

『만주실록』은 만주족의 초기역사를 잘 보여준다는 점에서 사료적 가치가 높다. 또한 만주어 문장 역시 전통적인 특징을 담고 있다는 점에서 역사학과 문자학에서 중요한 자료로 다루어질 만하다. 또『만주실록』에 수록된 삽화를 통해 당시 만주인·몽고인·한인의 복식과 무기 및 생활 방식을 확인할 수 있다.

▎고려대학교 민족문화연구원 만주학센터 만주실록 역주회 역,『만주실록 역주』, 소명출판, 2014, 해제 참조.

독해연습

jakūn se jui 八歲兒

독해 연습 177

jakūn se jui 八歲兒

julgei han gurun i fonde duin mederi gemu genggiyen jakūn hošo ini cihai elhe,
옛   한(漢)나라   시절에   사해(四海)가 모두 맑고   팔방(八方)이 자연히 평안하였으니

tere fonde han bithe arafi hendume, abka fejile gurun i dorgi de bayan yadahūn
그 때에   황제가 글을 써서 말하길, "천하 국중(國中)에 부유하고 가난한 이를

bodorakū geren bade bithe ulhire šusai sebe abka duka de bithe cendeme jio,
막론하고 각처에   글을 아는 선비들은   천문(天門)¹⁾으로 글을 시험하러 오라.

erdemu mergengge be sain gebu be bumbi sehe, tere fonde cing mu hiyan hecen
재능있는 이를(에게)   좋은 이름을 주리라."라고 했다.   그때에   칭무현 성

de tehe ulin yadara limu sere niyalma i jui jakūn se de ama eme de dosime
에 사는, 재산이 없는 가난한 리무라는 사람의 아들이 여덟 살인데 부모에게 들어가

fakcara doro arafi jeterengge akū mukei ihan i jibca etufi ududu inenggi yabume
하직하고   먹을 것 없이 물소 가죽옷을 입고 며칠을   가서

jiyang giyang hecen de isinafi sunja mingga šusai sonjoro ton de jakūn se jui
 장강 성에   이르러 5000명의   선비를 뽑는 수에 여덟 살 아이가

dosime sunja mingga šusai amala ilihabi, han tuwafi fonjime hendume, tere amala
들어가   5000   선비의 뒤에 서 있었다. 황제가 보고 물어 말하길 " 저 뒤에

iliha ajige jui si ainaha niyalma, jakūn se jui hanci genefi wesimbume hendume
서 있는 작은 아이야, 너는 어떤 사람이냐?" 여덟 살 아이가 가까이 가서 아뢰어   말하길

ajige niyalma seibeni inenggi enduringge han genggiyen hese wasimbure dahame
"소인(小人)은   전일에   황상(皇上)이   성지(聖旨)를   내리셨으므로

---

1) 천문(天門)은 황궁의 문을 의미한다.

bithe cendeme jihe, han donjifi dembei injefi hendume, ajige jui si se ajigen,
글을 시험하러 왔습니다." 황제가 듣고 심히 웃으며 말하길, "작은 아이야, 너는 나이가 어리다.

ai weile be sain jabumbio, jakūn se jui hanci genefi wesimbume hendume,
무슨 일을 잘 답하겠느냐."   여덟 살 아이가 가까이 가서 아뢰어 말하길,

ajige niyalma enduringge han fonjire weile be sain jabumbi dere, han gūnifi baibi
" 소인은   황상이   물으시는 일을 잘 대답할 것입니다." 황제가 생각하기에 평범한

niyalma waka seme hendume, abka de uju bio, jakūn se jui jabume, abka de uju
사람이 아니라 하여   말하길, "하늘에 머리가 있느냐?" 여덟 살 아이가 답하길, "하늘에 머리가

bi, han fonjime hendume uju bi seme adarame sambi, jakūn se jui jabume, šun
있습니다. 황제가 물어 말하길, "머리가 있다고 어찌 아느냐?"   여덟 살 아이가 답하길, "해는

dergi ici dekdefi wargi ici tuhembi, tuttu ofi uju bi seme saha, han geli fonjime
동쪽에서 뜨고 서쪽에서 집니다. 그러므로 머리가 있다 하여 압니다." 황제가 또 물어

hendume, abka de šan bio, jakūn se jui jabume, abka fejile de bulehen gaša
말하길,   "하늘에 귀가 있느냐?" 여덟 살 아이가 답하길, "천하(天下)에   학(鶴)이

wesihun jilgan i guwembi dergi abka wesihun jilgan seme urgunjeme donjihabi,
귀한 소리로   울어   상천(上天)이 귀한 소리라고   즐겨 들으십니다.

tere fonde abka šan akū oci ai šan i donjimbi, han geli fonjime hendume abka de
그때에   하늘이 귀가 없으면 무슨 귀로 듣겠습니까?" 황제가 또 물어 말하길,   "하늘에

angga bio, jakūn se jui jabume, julgei fonde emu niyalma abka de wesiki seme
입이 있느냐?" 여덟 살 아이가 답하길, "옛날에   한   사람이 하늘에 오르겠다고

ilan jergi tafukū be sahafi tafame deribure de tafukū de gidafi bucehebi,
   삼층 계단을   쌓아서 오르기 시작할 때에 계단에   받혀 죽었습니다.

tere fonde angga akū oci ai angga i injembi, han geli fonjime hendume abka de
 그 때에   입이 없다면 무슨 입으로 웃겠습니까?" 황제가 또 물어 말하길,   "하늘에

bethe bio, jakūn se jui jabume abka de bethe bi, han fonjime hendume
발이 있느냐?" 여덟 살 아이가 답하길, "하늘에 발이 있습니다." 황제가 물어 말하길,

bethe bi seme adarame sambi, jakūn se jui jabume julgei julesi gūsin ilan abka be
"발이 있다고 어찌 아느냐?"   여덟 살 아이가 답하길 "전고(前古)에   33천(天)2)을

dendere fonde, bethe akū oci ai bethe i feliyeme dendeci ombihe, han geli fonjime
나누었을 적에   발이 없으면 무슨 발로 다니며 나눌 수 있었겠습니까?"   황제가 또 물어

hendume, julergi geneci ai golo seme bio, jakūn se jui jabume julergi geneci
말하길,   "남으로 가면 무슨 성이라 하여 있느냐?"   여덟 살 아이가 답하길, "남으로 가면

mederi golo seme bi, han fonjime hendume mederi golo bi seme adarame sambi,
해성(海省)이라고 있습니다. 황제가 물어 말하길   "해성이 있다고 어찌 아느냐?"

jakūn se jui jabume wargi geneci wargi ergi mederi wargi de, dabsun hecen seme
여덟 살 아이가 답하길, "서(西)로 가면   서쪽   바다 서녘에   소금 성이라 하여

bi, tere be dabsun i sahabiheo, adarame dabsun hecen sembi, dergi geneci dergi
있습니다. 그를 소금으로 쌓았습니까? 어찌하여 소금 성이라 합니까.   동(東)으로 가면 동쪽

ergi mederi dergi de menggun hecen seme bi, tere be menggun i sahabiheo,
   바다   동녘에   은성이라 하여 있습니다.   그것을   은으로 쌓았습니까?

adarame menggun hecen sembi, amargi geneci amargi ergi mederi amargi de tugi
어찌하여   은성이라 합니까.   북(北)으로 가면   북쪽   바다   북녘에   구름

---

2) 불교의 우주관으로 욕계(欲界) 육천(六天)의 제2 도리천(忉利天)을 말함. '도리'는 33의 음사(音寫)이며 삼십삼천으로 의역한다. 도리천은 세계의 중심인 남섬부주(南贍部洲)의 수미산(須彌山) 꼭대기에 있다고 한다. 중앙에 선견성(善見城)이라는 큰 성이 있고 이 안에 제석천(帝釋天)이 있다. 선견성의 제석천을 중심으로 4방에 각기 8성이 있는데 이 32성에 제석천을 더하여 33천이 된다. 욕계 육천 중에서 사왕천(四王天)은 수미산 중턱에 있으므로 33천과 더불어 지거천(地居天)이라하고 나머지 야마천(夜摩天), 도솔천(兜率天), 낙변화천(樂變化天), 타화자재천(他化自在天)은 수미산 위 하늘에 있으므로 공거천(空居天)이라 한다. 33천에는 하늘사람들이 살고 있는데 이들은 때때로 선법당(善法堂)에 모여 법답고 법답지 않은 일을 평론한다고 한다. 이 하늘 사람들의 키는 대단히 크며, 옷의 무게는 아주 가볍고, 수명은 1천세, 그 하늘의 주야는 인간의 백년, 처음 태어났을 때는 인간의 6세 되는 아이와 같으며, 모습이 원만하고 옷은 저절로 입혀져 있다고 한다. (원광대원불교사상연구원 편,『원불교 대사전』, 원불교100년 성업회 발행, 2013)

hecen seme bi, tere be tugi i sahabiheo, adarame tugi hecen sembi, han gisun akū
성이라 하여 있습니다. 그를   구름으로 쌓았습니까? 어찌하여 구름 성이라 합니까." 황제가 말없이

tehebi, jakūn se jui han i juleri ilifi amba jilgan i hūlafi hendume, isaha sunja
앉아있으니 여덟 살 아이가 황제의 앞에 서서 큰 소리로   외쳐 말하길, "모인 5천

mingga šusai dorgi de erdemungge niyalma bici hūdun tuci, han i juleri gisun
     수재 중에   재주 있는   사람이 있으면 빨리 나오라. 황제 앞에서   말을

cendeki seme ilan mudan hūlaci sunja mingga šusai dorgi de emu niyalma inu
시험하겠다."고 세 번 외치자   5천   수재 중에 한 사람도

tucifi gisun cendere de erdemungge niyalma akū, tuttu ofi jakūn se jui be amba
나와서 말을 시험할 때에 재주 있는   사람이 없었다. 그러므로 여덟 살 아이를 큰

mergen arafi abka fejile gurun i dorgingge amba golo ejen seme tukiyembi,
어진 이를 삼아 천하   국중(國中)이   큰   관찰사라 하여 천거하고

han še bithe selgiyefi tumen weihun i sui be gemu guwebume dasara be sain,
황제가 사면의 글을 반포하여 만생(萬生)의   죄를 모두 면해주어 다스리기를 잘하니

ice niyengniyeri de aga silenggi erileme wasimbi, edun dacibe mooi dube bijarakū
   첫봄에   비와 이슬이 때에 맞춰 내리고   바람이 불어도 나무 끝이 부러지지 않으며

jugūn de yabure niyalma beri sirdan jafarakū hecen duin duka yooselarakū,
 길에 다니는 사람이 궁시를 잡지 아니하고 성의 사문(四門)을 잠그지 않았다.

abka fejile taifin ojoro dahame jakūn se jui i wesihun han gurun i gisun be
 천하가   태평하므로   여덟 살 아이의   귀한 한(漢) 나라의   말을

ere dahame wajiha.
이러하므로   마친다.

단 어

- **julgei**   옛날의   julge(옛, 옛날)+ i (속격조사)
- **fonde**   ~때에   julgei fonde 옛날에
- **julesi**   ① 앞으로, 먼저, 前 ② 남쪽으로
- **han gurun**   한(漢) 나라
- **mederi**   바다
- **genggiyen**   ① 밝은, 맑은 ② 총명한, 영명한 ③ 푸른, 푸르고 무늬 없는 비단 ④ 시호(諡號)에 쓰이는 문(文), 소(昭)
- **hošo**   ① 각(角), 모서리, 모퉁이, 각진 것 ② 네모형태, 方形 ③ 正方의 사이의 각(角), 모퉁이[隅](동남방·동북방·서남방·서북방) ④ 방향, 방위 ; jakūn hošo 팔방(八方) ⑤ 몽고어에서 오톡(otoɣ)을 군정 조직 개념으로 부르는 용어 ⑥ 화석(和碩) (청대 宗室의 封號) hošoi cin wang 화석친왕(和碩親王) (청대 종실 10등 작위 중 제1등)
- **cihai**   마음대로, 임의대로, 편한대로   ciha(뜻, 의지, 바람, 소망, 욕망)+ i (속격조사)
- **ini cihai**   그의 마음대로, 자연히, 저절로
- **dorgi**   (dolo+ergi) ① 안, 내부 ② 궁정의 안 ③ 암중에, 은밀히
- **bayan**   ① 부자 (복수형은 bayasa) ② 부자의, 부자인 ③ 마마의 발진이 많은
- **yadahūn**   ① 가난, 궁한, 가난한 ② 천연두 열꽃이 조금 있는
- **bodorakū**   bodombi의 부정형
- **bodombi**   ① 계산하다, 헤아리다 ② 계획하다, 재다, 꾀하다 ③ 짐승을 계획한 지점으로 몰다
- **ulhimbi**   알다, 알아채다
- **šusai**   수재(秀才), 생원(生員), 즉 동생(童生)에서 선발된 과거(科擧) 최초 급제자
- **duka**   문, 대문, 성문

☐	cendembi	검사하다, 조사하다, 시험하다, 시도하다, 추측하다
☐	erdemu	덕(德), 재주
☐	mergengge	지혜가 있는 (사람)
☐	ulin	① 재물, 재보, 재산 ② 뇌물
☐	fakcambi	① 멀어지다, 찢어지다, 헤어지다, 떠나다, 분산하다 ② 갈라지다, 갈라 터지다
☐	ihan	① 소 ② 십이지의 丑　　mukei ihan 물의 소, 즉 물소
☐	jibca = gathūwa	가죽옷, 가죽외투, 모피 옷
☐	mingga = minggan	1000, 千
☐	sonjombi	선택하다, 선발하다, 고르다
☐	ton	① 수, 숫자, 산수, 합계, 셈 ② ~인 셈이다, 마찬가지다
☐	amala	뒤, 후
☐	ilimbi	① 서다, 멈추다, 중지하다, 쉬다 ② 일어나다
☐	seibeni	예전에, 전에
☐	dembei	매우, 심히, 대단히, 가장, 여러 번
☐	injembi	웃다
☐	jabumbi	대답하다
☐	fonjimbi	묻다, 질문하다
☐	gūnimbi	생각하다, 고려하다
☐	baibi	보람 없이, 헛되게, 공연히, 다만
☐	tuhembi	① 넘어지다, 떨어지다 ② 죄가 정해지다 ③ 얼음이 녹다
☐	šan	귀
☐	bulehen	학(鶴)
☐	gasha	새, 날짐승, 비교적 큰 새
☐	wesihun	① 흥성한, 번성한, 크게 발전한 ② 귀한, 존귀한 ③ 위의, 위쪽의, 높은 ④ 동쪽의 ⑤ 이상(以上)의
☐	jilgan	소리[聲]
☐	guwembi	① 죄를 면하다, 면죄받다, 벗어나다 ② 소리가 나다, 새가 울다, 울려 퍼지다 guwebumbi (guwembi의 사역형) 면해주다, 구해주다,

		소리가 울리게 하다, 새를 울게 하다
☐	**urgunjembi**	기쁘다, 즐겁다, 흥겹다, 흐뭇하다
☐	**tafukū = tafakū**	층계, 계급
☐	**tafambi**	오르다, 타다, 기어오르다
☐	**sahambi**	겹치다, 쌓다, 쌓아 올리다
☐	**dendembi**	나누다, 분배하다
☐	**feliyembi**	① 걷다, 걸어서 가다, 아장아장 걷다 ② 혼담을 하다
☐	**golo**	① 물길, 물꼴, 강의 몸통 ② 지방, 지역 ③ (행정구역) 성(省) ④ 골로(여진 시기 aiman(部)의 하부 단위. 로(路)로 한역(漢譯)함)
☐	**mederi**	바다
☐	**dergi**	동 wargi 서 julergi 남 amargi 북
☐	**dabsun**	소금[鹽]
☐	**menggun**	은(銀)
☐	**tugi**	① 구름 ② 문양이 있는 염주구슬
☐	**isambi**	① 모이다 ② 머리를 땋다
☐	**tuci**	(tucimbi의 명령형) 나오라
☐	**mudan**	① 꺾음, 꺾은 곳 ② 음(音), 성음(聲音) ③ 곡조, 가락, 억양 ④ 횟수, 회(回), 차(次) ⑤ 길의 굽이, 굽은 길 ⑥ 궁벽한 지역, 외진 곳 ⑦ (군사적인) 상황, 정황 ⑧ 꽈배기 과자, 메밀가루와 밀가루를 반죽하고 길게 만들어서 여러 가닥을 꼬아서 튀긴 음식. mudan efen ⑨ 새 덫을 만들기 위해 굽힌 나무, 창애활
☐	**dorgingge**	dorgi(안) + ~ngge(~의 것, 사람, 者)
☐	**ejen**	주인, 군주, 황제 (복수형은 ejete)
☐	**tukiyembi**	① 메다, 들어 올리다 ② 천거하다, 추천하다, 등용하다 ③ 머리를 들다 ④ 손님에게 밥상을 바치다 ⑤ 높이다 ⑥ 늘이다, 뽑다, 선별하다 ⑦ 칭송하다, 칭찬하다
☐	**še**	사면(赦免), 형벌의 사면. 그 외에 ① 한어 社의 음사로 토지신, 마을, 鄕里 ② 슬(瑟) ③ 사(舍)의 음사 ④ 소리개, 풍응(風鷹, 귀가 검은 매의 일종) 등의 의미가 있음.

- **weihun** 살아 있는, 생명이 있는 tumen weihun 만생(萬生)
- **sui** 죄(罪). 그 외에 ① 섞어라, 반죽하라, 먹을 갈아라 (suimbi의 명령형) ② 죄업, 죄악에 대한 재앙, 횡액 ③ 세(歲), 수(穗), 수(隨)의 음사
- **niyengniyeri** 봄 juwari 여름 bolori 가을 tuweri 겨울
- **aga** ① 비 ② agambi(비 내리다)의 의지형
- **silenggi** ① 이슬 ② 맑은 침
- **erilembi** 때에 응하다, 시기에 맞다
- **edun** 바람
- **dambi** ① 지배하다, 주관하다, 관여하다 ② 구조하다. 구원하다 ③ 불에 타다 ④ 바람이 불다.
- **moo** ① 나무, 오행의 木 ② 모(毛), 모(帽), 묘(昴)의 음사
- **dube** ① 끝, 첨단, 뾰족한 끄트머리 ② 결말, 결론
- **bijarakū** bijambi(= mokcombi 부러지다, 좌절하다)의 부정형. '부러지지 않다'
- **jugūn** 길, 도로, 도(道)
- **beri** 활 **sirdan** 화살
- **jafarakū** jafambi의 부정형
- **jafambi** ① 잡다 ② 가지다, 장악하다, 관리하다, 관할하다 ③ 체포하다 ④ 마음먹다 ⑤ 세우다 ⑥ 사돈 맺다 ⑦ 정비하다 ⑧ 바치다, 물건을 바치다, 세금을 바치다, 조공(朝貢)하다 ⑨ (얼음이) 얼다 ⑩ 수레 몰다 = bašambi ⑪ 화장(火葬)하다 ⑫ 길을 따라가다 ⑬ 보고하다 ⑭ 보답하다 ⑮ 세금을 징수하다
- **yooselarakū** yooselambi의 부정형
- **yooselambi** 자물쇠를 잠그다, 문을 잠그다
- **taifin** 태평한, 평안한, 안락한, 안녕한
- **elhe taifin** ① 평안한 ② 강희(康熙) (清 聖祖의 연호)

청학서(淸學書)

　조선시대 사역원(司譯院)에서는 한학(漢學), 몽학(蒙學), 왜학(倭學), 청학(淸學)을 설치하고 한어(漢語) 즉 중국어를 비롯한 몽골어, 일본어, 만주어를 교육했다. 사역원의 사학(四學)이라 불렸던 4개 외국어 교육은 조선조 초기에는 여진어를 교육하는 여진학이 포함되었으나 병자호란(1636) 이후 현종 8년(강희(康熙)6년, 1667)에 여진학을 청학으로 바꾸고 만주어를 교육했다.

　현전하는 『팔세아(八歲兒)』, 『소아론(小兒論)』은 정조 2년(1777)에 『청어노걸대(淸語老乞大)』, 『삼역총해(三譯總解)』 등과 함께 숙종조 간본을 중간한 것이다. 조선시대의 청학서는 신계암(申繼黯)이 여진학서를 만주어 학습서로 개편한 것과 후대에 사역원에서 자체적으로 편찬한 것 두 종류가 있는데 『청어노걸대』와 『삼역총해』는 사역원에서 편찬한 것이다.

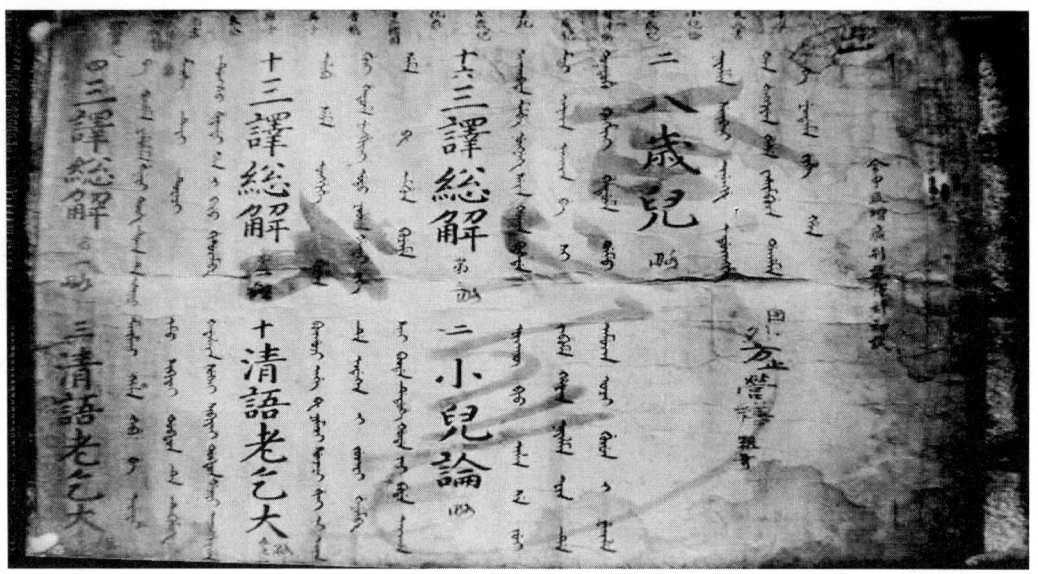

청학시권의 답안지

　『소아론』은 원래 여진어 학습서였으며 중국에서 전래된 '공자항탁상문(孔子項託相問)' 설화를 소재로 한 여진족의 훈몽교과서를 신계암이 청학서로 개편한 것이다. 『소아론』은 삼세아(三歲兒)와 공자가 지혜를 다투는 내용으로 이 이야기는 중국의 전국시대 이전부터 설화로 전해졌다. 삼세아는 이 설화 속의 천재소년 항탁(項託)을 말한다. '공자와 항탁의 상문서(相問書)'라고 이름붙인 이 설화는 한족(漢族)의 유교 사상에 반대하는 북방 민족에 의해 변화된 것으로 보이며 '소아론(小兒論)'이라는 이름으로 반유교적 교육의 훈몽서로 편찬된 것으로 보인다. 어린 나이에 공자와 문답하여 그를 이긴 항탁의 전설은 여러 개의 변종이 있으며, 그 가운데 돈황 사권(寫卷)으로 전래된 '항탁변문'이 청학서『소아론』의 내용과 유사하다.

『팔세아』를 비롯하여 책의 이름만 전해지는 '칠세아', '삼세아', '구난' 등의 여진학서도 모두 항탁전설을 소재로 한 여진인들의 훈몽 교과서였으며 병자호란 이후에 신계암에 의하여 구만주자로 고쳐서 만주어 학습서로 개편되었다. 이 가운데 『팔세아』과 『소아론』은 훗날 다시 유권점 만문로 고쳐서 만주어 교육에 사용되었고 정조 때의 중간본이 오늘날 규장각에 현전하고 있다.

초 급
만주어

부록 I
삼전도비문

부록Ⅰ 삼전도 비문 191

— 41 —

부록 I 삼전도 비문 193

— 13 —

daicing gurun i enduringge han i gungge erdemui bei
대청국(大淸國)의 신성한 칸의 공덕비(功德碑)
(大淸皇帝功德碑)

daicing gurun i enduringge han i gung erdemui bei
大淸 國의 신성한 칸의 功 德 碑

daicing gurun i wesihun erdemunggei sucungga aniya
대청 국의 숭덕(崇德)의 元年(1637)

tuweri jorgon biya de
겨울 12 月에

gosin onco hūwaliyasun enduringge han acaha be
어질고[仁] 너그럽고[寬] 온화하고[溫] 신성한[聖] 칸은 화평을

efulehengge menci deribuhe seme ambula jili banjifi
깬 것이 우리로부터 시작되었다고 크게 성내고

coohai horon enggelenjifi dergi baru cing seme jici
군사의 위력으로 임하여 동쪽을 향해 불붙듯이 왔는데

yaya geleme alihakū.
모두 두려워 대항하지 못하였다.

tere fonde meni sitahūn ejen
그때에 우리의 과군(寡君)은

nan han de tomofi geleme olhome
남한산성에 자리잡고 두려워하고 저어하며

niyengniyeri juhe de fehufi gerendere be aliyara gese susai ci inenggi.
봄 얼음을 밟고 날 밝기를 기다리는 것 같이 50번째 날이었다.

dergi julergi geren jugūn i cooha siran siran i gidabuha.
동남 여러 도로의 군사는 속속 격파되었다.

wargi amargi jiyanggiyūn se alin holo de jailafi
서북 장군들은 산골짜기에 피해서

bederecere go[roki] [ama]si emgeri oksome mutehekū.[1)]
후퇴하여 먼 곳에서 되돌아 한 번 나가지 못하였다.

hecen i dorgi jeku geli wajiha.
성 안의 곡식 또한 떨어졌다.

tere fonde amba cooha hecen be gaijarangge
그때에 대군이 성을 취한 것이

šahūrun edun bolori erin i moo i abdaha be sihabure
찬 바람이 가을철 나뭇잎을 떨어뜨리고

tuwai gūrgin de gashai funggala be dejire gese bihe.
불의 화염에 새의 깃털을 태우는 것 같았다.

enduringge han warakū be dele erdemu selgiyere be oyonggo obufi
성스러운 칸은 죽이지 않는 것을 존숭하고 덕(德)을 전유(傳諭)하는 것을 중요하게 삼고,[2)]

hese wasimbufi ulhibume
지(旨)를 내려 깨우치길

jihede simbe yooni obure jiderakū ohode suntebumbi sehe.
"오면 너를 온전케 하리라. 오지 않으면 몰살시킨다."고 말하였다.

tereci inggultai mafuta geren jiyanggiyūn se
그로부터 잉굴타이, 마푸타 여러 장군들이

---

1) "bederecere go[roki] [ama]si emgeri 후퇴하여 먼곳에서 되돌아 한 번". 이 부분은 비문이 마모되어 판독이 안된다. 본문의 전사는 Fraser의 추정인데 북경 제일역사당안관에 소장된 만문 비문을 보면 아래와 같다. "bederecere gojime julesi emgeri 후퇴만 할 뿐 앞으로 한번도" 성백인, 『만주어와 알타이어학 연구』, 태학사, 1999, p.182.
2) 성백인은 "聖 황제는 죽이지 않는 것을 上德, 傳諭하는 것을 긴요한 일(로) 삼고"라고 해석했다.

enduringge han i hese be alifi amasi julesi gisureme yabure jakade
성스러운 칸의 지(旨)를 받고 뒤로 앞으로 말하러 다니는 고로

meni sitahūn ejen bithe coohai geren ambasa be isabufi hendume,
우리 과군은 문무 여러 대신들을 모아 말하기를,

bi amba gurun i baru acafi juwan aniya oho
"내가 대국을 향해 화친하고 10년이 되었다.

mini farhūn liyeliyehun de abkai dailara be hūdulabufi
나의 어두움과 혼미함 때문에 하늘의 정벌을 서두르게 하여서

tumen halai irgen jobolon tušaha. ere weile mini emhun beye de bi.
만 성(姓)의 백성이 우환에 봉착했다. 이 죄는 내 한 몸에 있다.

enduringge han nememe wame jenderakū uttu ulhibure bade bi ai
성스러운 칸은 도리어 죽이지를 차마 못하고 이와 같이 깨닫게 하는 마당에 내 어찌

gelhun akū mini dergi mafari doro be yooni obume
두려움 없이 나의 위로 종사(宗社)를 온전케 하며

mini fejergi irgen be karmame hese be alime gaijarakū
나의 아래로 백성을 보호하기 위해 황지(皇旨)를 받아 가지지 않겠는가?"

sehe manggi, geren ambasa saišame dahafi uthai emu udu juwan moringga be
하고 나니 여러 대신들이 칭양하고 복종하여 즉시 몇 십 기(騎)를

gaifi coohai juleri jifi weile be alire jakade
이끌고 군대의 앞에 와서 죄를 받으니

enduringge han dorolome gosime kesi i bilume
성스러운 칸은 예로써 인애하고 은혜로써 어루만지며

acame jakade mujilen niyaman be tucibume gisurehe.
만났을 때 심복을 털어놓고 이야기했다.

šangname buhe kesi dahara ambasa de bireme isinaha.
상 내려 준 은혜는 수행하는 대신들에게 두루 미치었다

dorolome wajiha manggi uthai meni sitahūn wang be amasi du hecen de
예행하길 마친 뒤 즉시 우리의 과군을 뒤로 도성에

bederebufi, ilihai andan de julesi genehe cooha be bargiyafi wasihūn bedereme
돌아가게 하고 즉시 남쪽으로 간 군사를 거두고 서쪽으로 물러가며

irgen be bilure usin i weile be huwekiyebure jakade
백성을 무양하고 전지(田地)의 일을 권장하는 고로

goroki hanciki samsiha irgen gemu dasame jifi tehengge amba kesi wakao.
멀고 가까운 곳의 흩어진 백성이 모두 다시 와서 산 것이 큰 은혜 아닌가?

ajige gurun dergi gurun de weile bahafi goidaha.
소국이 상국에 죄 지은 지 오래되었다

sohon honin aniya du yuwanšuwai jiyang hūng li be
기미년(1619) 도원수 강홍립을

takūrafi ming gurun de cooha aisilame genehengge gidabufi jafabuha manggi,
파견하여 명국에 군사 원조하러 간 것이 격파되어 나포된 뒤

taidzu horonggo han damu jiyang hūng li jergi udu niyalma be bibufi
태조 무(武) 칸은 다만 강홍립 등 몇 사람을 유치시키고

guwa be gemu amasi bederebuhe. kesi ereci amban ningge akū.
다른 사람은 모두 되돌려보냈다. 은혜가 이보다 큰 것이 없다.

tuttu ocibe ajige gurun geli liyeliyefi ulhirakū ojoro jakade
그러함에도 소국이 다시 혼미하여 깨닫지 못했기 때문에

fulahūn gulmahūn aniya enduringge han
정묘년(1627. 천총 원년) 성스러운 칸이

jiyanggiyūn be takūrafi dergi babe dailanjiha manggi meni gurun i ejen amban
장군을 보내어 동쪽 땅을 토벌해 오자 우리나라의 군주와 대신은

gemu mederi tun de jailame dosifi elcin takūrafi acaki seme baiha.
모두 바다 섬으로 피해 들어가서 사신을 보내어 화친하자고 청했다.

enduringge han gisun be gaifi ahūn deo i gurun obufi ba na be yooni obuha.
성스러운 칸은 말을 취하여 형제의 나라가 되게 하고 땅을 온전케 하였다.

jiyang hūng li be nememe amasi bederebuhe.
강홍립을 또한 되돌려보냈다.

ereci amasi dorolohongge ebereke akū, elcin takūrahangge lakcaha akū bihe,
이 뒤로 행례(行禮)에 소홀함이 없었고, 사신 보내는 일이 끊이지 않았었다.

kesi akū oilori hebe dekdefi facuhūn i tangkan banjinafi
은혜 없이 경솔한 의논이 일어나서 분규의 계제가 생겨나

ajige gurun jecen i ambasa de gocishūn akū gisun i bithe arafi unggihe.
소국이 변경의 대신들에게 겸손하지 못한 말로 글을 써서 보냈다.

tere bithe be elcin jihe ambasa bahafi gamaha.
그 글을 사신으로 온 대신들이 입수하여 가져갔다.[3]

enduringge han hono oncoi gamame uthai cooha jihekū,
성스러운 칸은 오히려 관대히 처리하여 즉시 군사가 오지 않았다.

neneme genggiyen hese be wasimbume coohalara erin be boljome dahūn dahūn i
먼저 밝은 지(旨)를 내려 출병할 때를 미리 약정하여 거듭 거듭

---

3) 이와 관련된 기록이 『만문노당』에 있다. 숭덕원년 11월 29일조 후금이 조선 출정에 앞서 조선국에 보낸 장문의 성명서에 다음과 같이 언급했다. "나의 使者로 보낸 대신들을 왕에게 만나지 못하게 하고, 나의 보낸 글을 보지 않으려 하는 고로, 우리의 대신 등은 너희들의 나라의 변심한 것을 깨닫고 되돌아올 때 너희들 왕의 旨의 글을 평안도의 관찰사 洪에게 보내는 것을 나의 대신들이 얻어 가지고 왔다. 그 글의 말, '우리의 쪽에(청국에) 卯年 화친한 것 잠시 지연시키기 위하여 화친했던 것이다. 이제 심히 단절되어 악화되었다. 邊關을 굳게 지켜라. 용맹하고 힘센 자들을 고무하라. 지모 있는 자들을 모아라.'라고 써 있었다. 그것 이외의 일 무엇을 말하랴. 이같은 일의 연유로 내 正義의 兵을 일으켰다."(『만문노당』7, 태종4, 1475-1476쪽, 東洋文庫, 1959).

ulhibuhengge šan be jafafi tacihiyara ci hono dabali kai.
깨우쳐 준 것은 귀를 잡고 훈계하는 것보다 오히려 더한 것이다.

tuttu ocibe geli urgunjeme dahahakūngge ajige gurun i geren ambasai weile
그러함에도 또 기꺼이 복종하지 않아 소국의 여러 대신들의 죄를

ele guweci ojorakū oho.
더욱 면치 못하게 되었다.

enduringge han i amba cooha nan han be kafi
성스러운 칸의 대군은 남한을 포위하고

geli hese wasimbufi neneme emu garhan i cooha unggifi
또 지(旨)를 내려 먼저 한 갈래의 군사를 보내어

giyang du be gaifi wang ni juse sargan
강도(江都, 강화도)를 취하고 왕의 자식들, 비(妃),

ambasai hehe juse gemu jafabuha manggi,
대신들의 부인, 자식들을 모두 나포케 한 뒤

enduringge han geren jiyanggiyūn be ume necire nungnere seme
성스러운 칸은 여러 장군에게 범하지 말고 침해하지 말라고

fafulafi meni hafasa taigiyasa be tuwakiyabuha.
금지하고 우리의 관원들과 태감들로 하여금 보호하게 했다.

tuttu amba kesi be isibure jakade
그런 큰 은혜를 미치게 한 까닭에

ajige gurun i ejen amban jafabuha juse sargan gemu
소국의 군주, 대신, 나포된 아들들, 부인 모두

fe an i ofi gecen nimanggi kūbulifi niyengniyeri oho,
원래대로 되니 서리와 눈이 변하여 봄이 되고

olhon hiya forgošofi erin aga oho gese.
메마른 가뭄이 바뀌어 때 맞는 비가 된 것 같았다.

ajige gurun i gukuhe be dasame bibuhe.
소국이 멸망했던 것을 다시 존속케 했다.

mafari doro lakcaha be dahūme siraha.
조상의 도[社稷]가 절단된 것을 다시 계승하였다.

dergi bai šurdeme ududu minggan bai niyalma gemu
동쪽 땅의 주위 수천 리의 사람은 모두

banjibuha huwašabuha kesi de horibuha.
살게 하고 잘되게 한 은혜에 둘러싸였다.

ere yargiyan i julgei kooli de sabuhakūngge kai.
이것은 진실로 구례(舊例)에 보지 못한 것이다.

han sui mukei wesihun san tiyan du bai julergi
한수 물의 위쪽, 삼전도 땅의 남쪽은

uthai enduringge han i isinjiha ba, tan soorin bi.
곧 성스러운 칸이 온 곳으로, 단위(壇位)가 있다.

meni sitahūn ejen jurgan i niyalma de hendufi
우리의 과군이 아문의 사람에게 말하여

tan soorin be nonggime den amban badarabufi[4]
단위(壇位)를 증첨하여 높고 크게 확장시키고

geli wehe be gajifi bei ilibufi enteheme bibume
또 돌을 가져와서 비를 세워서 영원히 존속케 하며

enduringge han i gung erdemu be abka na i sasa okini seme temgetulehe.
성스러운 칸의 공덕을 하늘, 땅과 함께하게 하라고 정표(旌表)하였다.

---

4) 원문의 독음은 bederebufi(回)이지만 badarabufi(擴大)로 읽어야 의미가 맞다.

ere meni ajige gurun i teile jalan halame
이것은 우리 소국만 대대로

enteheme akdafi banjire anggala, amba gurun i gosin algin
영구히 믿고 살아갈 뿐만 아니라 대국의 어진 명성

horon i yabun de goroki ci aname gemu daharangge inu
무위(武威)의 행동에 먼 곳에서부터 모두 복종하는 것 또한

ereci deribumbi kai.
이로부터 시작되는 것이다.

udu abka na i amban be araha šun biya i genggiyen be niruha seme,
비록 천지의 큼을 글로 짓고 일월의 밝음을 그렸다 해도,

terei tumen de emken inu duibuleci ojorakū,
그것의 만의 하나도 비교되지 못하리니

heni muwašame folome temgetulerengge.
조금 대략적으로 새겨 증명하는 것이다.

abka gecen silenggi be wasimbufi fundehun obumbi banjibumbi
하늘은 서리와 이슬을 내리어 (만물을) 황량하게 하고 살아나게 한다.

enduringge han ede acabume horon erdemu be sasa selgiyembi.
성스러운 칸은 이에 부합하여 무(武)와 덕(德)을 함께 편다.

enduringge han dergi ba be dailaha juwan tumen cooha
성스러운 칸의 동쪽 땅을 정벌한 십만 군사

kunggur seme geren, tasha pi gurgu i gese.
우르르 하니 많았고 호랑이, 비(豼)[5] 짐승과 같았다.[6]

---

5) 豼貅는 범 같기도 하고 곰 같기도 한 짐승을 말하며 豼는 수컷, 貅는 암컷이다. 용감한 군대를 비유하여 쓰인다.
6) 한문은 '如虎如豼'(『書經』)

wargi amargi gurun gemu
서쪽과 북쪽의 나라 모두

agūra be jafafi juleri ojoro be temšerengge horon ambula gelecuke kai.
표미창(豹尾槍)을 잡고 선봉이 될 것을 다투는 것의 무위가 매우 두려웠다.

enduringge han umesi gosin ofi gosime wasimbuha hese gisun
성스러운 칸은 매우 인자하여 자애롭게 내린 칙언

juwan jurgan i wasimbuha bithe horonggo bime hūwaliyasun.
10행(行)의 내린 글은 위엄 있고도 부드러웠다.

dade liyeliyefi sarkū ofi beye jobolon be baiha.
본래 혼미하여 알지 못해 스스로 화를 초래했는데

enduringge han i genggiyen hese isinjire jakade
성스러운 칸의 명지(明旨)가 오자

amhafi teni getehe gese.
자고 막 깨어난 것 같았다

meni wang gaifi dahahangge
우리의 왕이 거느리고 항복한 것은

horon de gelere teile waka, erdemu de dahahangge kai.
위세에 두려워한 것만이 아니고 덕에 따른 것이다.

enduringge han gosifi kesi isibume dorolome
성스러운 칸은 자애롭게 은혜가 미치게 하여 예를 갖추어

sain cira injere arbun i agūra be bargiyafi
좋은 얼굴 웃는 모습으로 무기를 거두고

sain morin weihuken dahū šangnara jakade
좋은 말[馬] 가벼운 가죽옷[7]을 하사하시니

---

7) dahū는 한문으로 피단조(皮端罩)로 번역된다. 예복에 맞추어 입는 여우·담비·스라소니 등의 모피를

hecen i haha hehe uculeme maktarangge.
성(城)의 남녀가 노래하며 칭송한 것.

meni wang ni bahafi bederehengge enduringge han i buhengge kai.
우리의 왕이 얻어 돌아온 것 성스러운 칸이 준 것이다.

enduringge han meni irgen be banjikini seme cooha be bederebuhe.
성스러운 칸은 우리 백성을 살리려고 하여 군대를 철수시켰다.

meni facuhūn oho samsiha be gosime
우리의 어지러워짐과 흩어짐을 가련히 여겨

meni usin i weile be huwekiyebuhe.
우리의 전지(田地)의 일을 권장했다.

efujehe gurun da an i ohongge ere ice tan i turgun kai.
파괴된 나라 옛 그대로 된 것이 이 새 단(壇)의 연고이다.

olhoho giranggi de dasame yali banjibuha
마른 뼈에 다시 살이 소생케 하고

tuweri orho i fulehe geli niyengniyeri erin be ucaraha gese oho.
겨울 풀의 뿌리가 다시 봄철을 만난 것 같이 되었다.

amba giyang ni da jakade, den amba wehe ilibufi
큰 강의 머리 곁에 높고 큰 돌을 세우니

san han i ba tumen aniya ojorongge enduringge han i sain de kai.
삼한의 땅이 만세를 누릴 수 있음은 성스러운 칸의 어짊에 있다.

wesihun erdemunggei duici aniya
숭덕(崇德) 4 년

jorgon biyai ice jakūn de ilibuha.
12월 초 8일에 세웠다.

사용한 가죽옷이다.

초 급
만주어

부록 Ⅱ
문법정리

1 수사

1	2	3	4	5
emu	juwe	ilan	duin	sunja
6	7	8	9	10
ninggun	nadan	jakūn	uyun	juwan
11	12	13	14	15
juwan emu	juwan juwe	juwan ilan	juwan duin	tofohon
16	17	18	19	20
juwan ninggun	juwan nadan	juwan jakūn	juwan uyun	orin

30	40	50	60	70	80	90
gūsin	dehi	susai	ninju	nadanju	jakūnju	uyunju

100	200	1000	10000
tanggū	juwe tanggū	minggan	tumen

2 대명사

1) 지시대명사

    ere(단수)-ese(복수)   이것, 이것들

    tere- tese   저것, 저것들

2) 인칭대명사

	주격	속격(의)	목적격(을)	여위격(에게)	탈격(로부터)
1인칭 단수	bi	mini	mimbe	minde	minci
1인칭 복수 *(제외형)	be	meni	membe	mende	menci
1인칭 복수 *(포괄형)	muse	musei	muse be	muse de	muse ci

	주격	속격(의)	목적격(을)	여위격(에게)	탈격(로부터)
2인칭 단수	si	sini	simbe	sinde	sinci
2인칭 복수	suwe	suweni	suwembe	suwende	suwenci
3인칭 단수	i tere	ini terei	imbe terebe	inde terede	inci tereci
3인칭 복수	ce tese	ceni tesei	cembe tesebe	cende tesede	cenci teseci

* 1인칭 복수 제외형은 일반적으로 청자를 제외한 형식이며 포괄형은 청자를 포괄한 형식이다.

3 의문형

1) 의문조동사 akūn 아닌가?
2) 동사+ o
3) 의문대명사
   udu 몇
   인칭 의문대명사   we, ya
   사물의 경우   ai, ya

4 격조사

1) 주격(이, 가): 원칙적으로 만주어에 주격조사는 존재하지 않지만 종속절 중에 i, be 가 주격을 표시하는 경우가 있다.

   ① -i 는 속격이지만 주격을 표현할 때가 있다.

   mafai tehe susu
   조상이 살았던 고향

nenehe han **i** tun de unggihe bithei gisun
선대 한(汗)이 섬에 보낸 서신의 말

② be는 원래 대격(목적격)조사인데 주격으로 쓰이는 경우가 있다. 대부분 고하다, 듣다, 생각하다, 말하다 등의 동사와 연결된 경우. 혹은 강조(대조)의 의미.

han **be** boode bedereki seme henduhe manggi
한(汗)이 집에 돌아가겠다고 말하자

amba niyalmai karu bithe de, acara doro **be** mimbe gūni sehebi.
대인의 답신에 화친을 우리가(우리에게) 생각하라고 했었다.

③ -oci는 ombi의 조건을 나타내는 형태이지만 명사 뒤에 오는 경우 '~가 되어(~가 된 자가)'의 의미로 쓰일 때가 있다. 이런 역할은 serengge도 가지고 있다.

hadai gurun i wan han **oci** etu arui uyun hūlha be waha sembi.
하다국의 완한이라는 자가 어투, 아루이라는 아홉 명의 도적을 죽였다고 한다.

2) 속격(의) : -i, -ni. -ni는 명사가 -ng로 끝날 때(주로 차용어) 사용된다. 이 경우 반드시 앞의 단어와 떨어져서 쓰인다.

sini salu gemu šaraka kai.
너의 수염이 모두 하얗게 변했구나!

amba gurun i cooha kemuni daiming **ni** jase furdan be dosime dailanambi kai.
대국의 병사가 여전히 대명의 변경 관문을 들어가 정벌한다.

dartai andande boo **i** duka bade isinafi
순식간에 집의 문에 이르러

3) 여위격(에, 에게, 에서, 할 때에): -de.
① 체언과 술어의 관계를 한정하는 격조사 중 행위가 행해진 시간·공간적 위

치 관계, 행위의 귀착점, 또는 행위가 행해진 이유, 동작 주체 등을 나타내는 것을 여위격이라고 한다. 여위격을 나타내는 격조사는 de가 있는데 de는 앞의 어휘와 연접해서 쓰는 경우도 있고 독립해서 단독으로 쓰는 경우도 있다.

da**de** 처음에(처음으로)   ninggu**de** 위에

si fi jafara **de**
네가 붓을 잡을 때에

dartai andan**de** gebungge aba abalara alin **de** isinafi
순식간에 유명한 수렵하는 산에 이르러

② sere, sehe, bisire, bihe, ojoro, oho 등과 결합해 가정의 의미를 나타낼 때도 있다. serede(말하매, 말할 때에), sehede(말했으니, 말했다면), bisirede(있다면), bihede(있었다면, 있었을 때), ojorode(~하니), ohode(~했다면)

4) 대격(을): 목적격. ‑be.

yasa derike **be** serebumbi.
눈이 노안이 된 것을 느낀다.

tere**be** gaifi gene.
그것을 가져가라.

musei aba faidan **be** hahilame bargiya.
우리의 수렵 부대를 빨리 거두어라.

emke injeme hendume ere hehe **be** bi takara adali.
한 사람이 웃으며 말하길 "이 여자를 내가 알아볼 것 같다."

▶ be는 사역동사와 함께 쓰일 때 '~로 하여금(~에게…시키다)'의 뜻을 나타낸다.

sunja tanggū boigon **be** emu tanggū cooha **be** tuwakiyabufi
500家를 100명의 군사에게(로 하여금) 지키도록 하여

5) 구격(으로, 으로써): 도구격. -i, -ni, -ci, -de 등이 있다. 체언과 술어 관계를 한정하는 격조사 중 행동이 행해지는 수단, 도구, 재료 등을 나타내는 격이 구격이다. 구격을 나타내는 격조사는 -i, -ni가 있는데 드물게 ci, de가 사용되기도 한다.

amba jilgan **i** acinggiyame, den jilgan **i** uculeme
큰 소리로 흔들고, 높은 소리로 노래하며

ere yabure de, coohai urse de gemu alban i ciyanliyang **ni** ulebuhe alban i morin be yalubume
이번 갈 때에 병사들에게 모두 官의 錢糧으로 먹인 官의 말을 타게 하여

sini ehe **de** gurun efujehe, irgen joboho.
너의 악함으로 나라가 망하고 백성이 고통스러웠다.

han i hūturi **de**, jase i hoton be hūlhame afafi gaiha.
한(汗)의 복으로 변경의 성을 몰래 공격해 취했다.

6) 탈격(으로부터): -ci. 체언과 술어 관계를 한정하는 격조사 중 행동이 행해지는 시간·공간의 기점(起點)을 나타내거나 사물과 사물의 비교·대조를 나타내는 격조사가 탈격이다. ~로부터, ~에서부터, ~보다

nan han hecen **ci** tucike duin tanggū funceme cooha be meiren i janggin loosa šongkoro baturu gidaha.
남한성에서 나온 400명 남짓의 군대를 머이런 장경 로오사, 숑코로 바투루가 격파했다.

uba**ci** goro akū.
여기서 멀지 않다.

i min**ci** se ahūn.
그가 나보다 나이가 형이다.

mini hebe gūwa **ci** encu.
나의 계략은 다른 이와 다르다.

meni yasa **ci** lakcafi encu.
저희의 눈과 현격히 다르십니다.

7) 沿格(~를 거쳐서, 통해서): -deri. 체언과 술어 관계를 한정하는 격조사 중 어느 행동이 어느 장소를 통과하거나 경유하여 행해지는 뜻을 나타내는 격조사가 연격이다.

   mukei jugūn **deri** jihe.
   수로(水路)를 통해 왔다.

8) 終格(-까지): 시간적 혹은 공간적으로 사태가 이르는 한계를 나타낸다. 이 격을 나타내는 조사는 -tala/tele/tolo.

   ere**tele**
   여기까지

5 -ci 의 용법

1) 가정, 조건을 나타냄

   aikabade ajige hergen be gingguleme ara**ci**
   만약 작은 글자를 해서체로 쓰면

   ① 위의 문장은 aikabade와 ci가 호응하여 '만약 ~하면'이라는 가정문이 만들어진 경우이다. 그러나 aikabede 없이 -ci만 사용해도 가정 혹은 조건문이 만들어진다.

   ② 역접 조건문: 뒤에 akū와 상응하여 역접의 상황을 나타내기도 한다.

   ginjeo hecen i duka de isitala bošome gamara de, hecen i duka yaksifi, nikan i cooha dosi**ci** duka akū ofi,
   금주성의 문에 이르기까지 추격해 갈 때에 성의 문을 닫아 한인 군사가 들어가려 해도 문이 없게 되어

2) 어떤 행동을 선택해도 무방하다는 양보의 의미. 즉 ~하든 ~하든

waci **uji**ci beile sini ciha
죽이든 살리든 버일러 당신 마음대로 하시오.

amba gurun be ajigen obu**ci** ajige gurun be amban obu**ci** gemu abkai ciha kai.
대국을 소국으로 만들든 소국을 대국으로 만들든 모두 하늘의 뜻이다.

3) 뒤의 반어문과 호응하여 어떤 행동을 해도 기대한 결과가 발생하지 않는다는 양보의 의미를 나타내기도 한다.

olhon moo de nimaha bai**ci** ai arga tucire.
뭍의 나무에서 물고기를 얻으려 한다고 해도 무슨 방법이 나오겠는가.

4) 관용적 용법

① donjici (듣건대) 등 : donjici 뒤에는 반드시 sere, sehe, sembi 등의 말이 붙는다.

donjici, si, te ubaliyambure be tacimbi sere.
듣건대(듣기로) 당신은 지금 통역하는 것을 배우고 있다고 하더라.

yasa kemuni derikekū be **tuwaci**,
눈이 여전히 나빠지지 않은 것을 보니

② acambi, ombi, ojoro 등 앞에 -ci가 오는 경우

a. -ci 뒤에 acambi 가 상응하면 의무를 나타낸다. 즉, '~해야 마땅하다'의 뜻이다.

sain be yabu**ci acambi**, ehe be yabu**ci acarakū**.
선을 행해야 마땅하다. 악을 행하면 안 된다.

te uthai gene**ci acambi**.
지금 즉시 가야 마땅하다.

b. -ci 뒤에 ombi(되다)와 상응해 가능을 의미한다.

ejen be cashūlafi ubašara de adarame inenggi be boljo**ci ombi**.
임금을 등지고 배반하는 데에 어찌 날을 정할 수 있으리오.

dengjan de narhūn hergen be kemuni tuwa**ci ombi**.
등잔(불)에 세밀한 글자를 아직은 볼 수 있다.

c. -ci 뒤에 ojoro(ombi(되다)의 미래형)와 상응하면 미래에 어떤 행동을 행하는 것이 가능하다는 것을 의미하며, ojorakū(ojoro의 부정형)와 상응하면 불가능을 의미한다.

weihukelemeašša**ci ojorakū**.
가벼이 움직이지 못할 것이다.

▶ 그 외에 -ci 는 앞의 격조사에서 살펴보았듯이 탈격조사, 즉 ~로부터, ~보다 등의 의미도 있다.

▶ -ci와 -cibe의 구분

-cibe는 udu와 결합하여 '비록 ~하더라도', '~했다 하더라도' 등 부정적 의미로 쓰인다.

6 동사의 시제

1) 기본형(현재형) —mbi

2) 과거형 —ha/—he/—ho, —ka/—ke/—ko

① 완료종지형. 즉 어떤 행동이 이미 행해졌음을 의미한다.

bonio erin de, ing de **isinjiha.**
신시(申時)에 영(營)에 이르렀다.

② 뒤의 명사를 꾸며주는 연체형 용법

etuhe etuku be **yaluha** morin be monggoso ucarafi durihe.
입었던 옷(을), 탄 말을 몽고인들이 조우하여 빼앗았다.

bi unenggi mujilen i **gūniha** babe wacihiyame gisurehe.
내가 진실한 마음으로 생각한 바를 전부 말했다.

3) 과거완료형 -habi/-hebi/-hobi, -kabi/-kebi/-kobi

① 과거의 행동이 이미 행해졌음을 강조하는 서술형

sini gurun efujeme **wajihabi** kai.
너의 나라는 무너져 없어져 버렸다.

jai emu ing ni cooha dobori burulame **genehebi**.
또 한 영(營)의 군사가 밤새 도망쳐 가 버렸다.

② 과거의 동작이 끝난 상태가 지금도 계속되고 있음을 표시하는 경우

aihu bira wesihun eyefi, dergi mederi de **dosikabi**.
아이후 강은 동쪽으로 흘러, 동해로 들어간다.

te mini beye amba cooha ilifi sini ba na de sektefi **jihebi**.
지금 내 친히 대군을 일으켜 너의 땅에 뒤덮어(엄습해) 와 있다.

▶ 대체로 기본형 -mbi에서 -mbi를 빼고 어근에 -ha/ka 등을 붙이지만 예외적인 불규칙동사들이 있다. 예컨대 bahambi의 과거형은 baha, dahambi의 과거형은 daha이다.

4) 미래형 -ra/-re/-ro

주어가 3인칭일 경우 어떤 행동이 말한 이후 가까운 미래에 행해질 것을 추측하는 의미를 갖는다. 주어가 1인칭일 경우 가까운 장래에 어떤 것을 행할 것이라는 화자의 의지를 표시하며 주어가 2인칭일 경우에는 상대방에게 행할 것을 권유·장려하는 의미도 갖는다.

① 미래형

uttu oci bi baime gene**re**.
그렇다면 내가 찾으러 가겠다.

② 연체형. 뒤의 명사를 꾸며주면서 비완료적 의미를 갖는 경우

amban ojo**ro** niyalma
대신(大臣)이 될 사람

suwe unenggi doroi jalin gūni**re** amban oci
너희가 진실로 (치)도를 위해 생각하는 大臣이라면

bi hanciki gurun i sain banji**re** doro be gūnime ekisaka bihe.
내가 가까운 나라와 좋게(우호적으로) 살아가는 도를 생각해 가만히 있었다.

③ 의문형은 -ra/-re에 o를 붙임. -rao/-reo
부정형은 -rakū
염려·의구(~할까 염려된다) -rahū

▶ 접속사 anggala(~하기보다, ~하느니, ~하기는커녕), 종조사(終助詞) dabala(~일 뿐이다), 후치사 jakade(~하기 때문에), onggolo(~하기 전에), 종조사 unde(아직 ~하지 않다)의 앞에 오는 동사는 반드시 ra/re 등 미래형을 사용한다.

meni hendu**re anggala**
우리가 말하느니

suweni jeku be jete**re anggala**, suweni emu moro muke be hono omirakū.
너희의 곡식을 먹기는커녕 너희의 한 잔의 물도 마시지 않겠다.

dain ojo**ro jakade**
전쟁이 된 까닭에

te elcin ambasa jide**re jakade**, be alimbaharakū urgunjembi.
지금 사신 대신들이 왔으므로 우리는 더할 나위 없이 기쁘다.

juhe tuhe**re onggolo** hūdun unggi.
얼음이 녹기 전에 빨리 보내라.

weile mute**re onggolo**
일이 성사되기 전에

7 연결형 -fi/-me

1) -fi가 접미한 동사활용형은 동사의 완료연용형이다. 즉 한 동작이 끝나고 연속하여 다음 동작이 일어나는 경우이다. 또 어떤 동작이 행해져서 그 결과로 다음 행동이 행해지는 경우 즉 연유를 표시하기도 한다.

   boode mari**fi**, buda je**fi**, tacikūde ji**fi** saikan bengsen be tacikini.
   집에 돌아가 밥을 먹고 학교에 와서 재주를 배우도록 하여라(배워도 좋다).

2) -me는 뒤에 오는 동사와 연속하여 비완료연용형을 이룬다. 어떤 행동이 다른 행동과 동시에 혹은 연속적으로 행해지는 것을 나타낸다.

   enteheme boo be tuwakiya**me** bimbio.
   영원히 집을 지키며 있을까?

   hoton i ejen wang du tang burula**me** genefi, ini yamun de fasi**me** bucehe.
   성주 왕도당은 도망쳐 가서 그의 아문에서 목매 죽었다.

   jihe monggo i beise, han de niyakūra**me** hengkile**me** aca**me** wajiha manggi, amba sarin sirilaha.
   온 몽고 버일러들이 한에게 무릎 꿇고 고두하여 알현하기를 마치자 대연을 베풀었다.

▶ -me가 붙은 동사활용은 위에 오는 동사의 목적을 나타낸다. 이 경우 뒤에 오는 동사는 장소의 이동을 나타내는 것에 한한다.

   muse de iselere nikan be wa**me** gai**me** yabu.
   우리에게 저항하는 한인을 죽이고 잡으러 가라.

▶ hendume(말하길), jabume(답하길), fonjime(묻기를), gūnime(생각하기를)
▶ funceme(남짓), isime(~가까이)
   coohai niyalma orin tumen isime bi. 병사가 2만 명 가까이 있다.

8 명령형

1) 몇 개의 불규칙형을 제외하고 모두 동사의 어간으로 이루어짐

　　ex) ilimbi- ili 일어나라,　　ilibumbi-ilibu 일으키라,
　　　　aliyambi-aliya 기다리라,　yabumbi-yabu 행하라,　gisurembi-gisu 말하라

2) 불규칙형

　　-so/su; oso(ombi) 되어라, bisu(bimbi) 있으라, baisu(baimbi) 찾아라·구하라,
　　　　gaisu(gaimbi) 받아라
　　-fu; jefu(jembi) 먹어라
　　-o/u; jio/ju(jimbi) 오라, alanju(alambi) 알려오라, buo(bumbi) 달라·주어라,
　　　　gaju(gajimbi) 가져오라
　　-nu; tucinu(tucinambi 나가다) 나가라, wasinu(wasinambi 내려가다) 내려가라,
　　　　wesinu(wesinembi 올라가다) 올라가라, teyenu(teyenembi 쉬어가다) 쉬어
　　　　가라, juranu(juranambi 떠나가다) 떠나가라

9 의구형 -rahū

동사의 의구연용형. 미래에 실현이 예상되는 일에 대한 화자의 염려, 두려움을 나타낸다. 즉 '~할까 염려된다', '~할세라'

cimari gūwa niyalma sabuha de toora**hū**
내일 다른 사람이 보면 욕할세라.

simbe aikabade burakū ojora**hū** seme cohome jombume jihe
너를 행여 주지 않을까하여 일부러 권하러 왔다.

10 희망·욕구형: -ki와 -kini

1) -ki는 화자의 의지와 욕망을 나타낸다. 즉 화자가 '(본인이)~을 하고 싶다'라는 뜻을 의미한다.

   šolo baifi eme be beneme gene**ki** serengge
   휴가를 청해 어머니를 보내러 가고 싶다고 한 것

   muse tubade dedume yo**ki**.
   우리 저기에 자러 가자.

   te gelhun akū fonji**ki**.
   지금 감히 묻겠다.

2) -kini는 소위 방임형으로 화자를 제외한 청자 혹은 제3자가 아직 행하지 않은 일을 행하거나 아직 실현되지 않은 일이 실현되어도 좋다고 허락하거나 실현되기를 바란다는 뜻을 나타낸다. 즉 '(상대방에게)~해도 좋다', 좀 더 강하게는 명령에 가까운 의미도 된다.

   šolo bufi da bade bene**kini**.
   휴가를 주어 고향에 보내도 좋다.

   orho turi be gajifi ucume bufi ebitele je**kini** muse dedume geneki.
   여물과 콩을 가져와 버무려 주고 배부르도록 먹게 하고 우리는 자러 가자.

11 청원형 -rao/reo/roo

미연형 -ra/re/ro에 의문첨미사 o가 첨가된 형태로 아직 실현되지 않은 일이 실현되도록 상대방에게 청원하는 의미를 가진다. '~하시지요', '~하소서'

   udu untuhun buda bicibe ebitele jete**reo**.
   비록 맨밥이지만 배부르도록 먹으소서.

moro bici emke bureo.
사발 있거든 하나 주시지요.

집필진 약력

 이 선 애

고려대학교 역사교육과 학사 졸업
고려대학교 사학과 석사 졸업
고려대학교 사학과 박사 졸업
現 고려대학교 민족문화연구원 만주학센터 선임연구원

 김 경 나

몽골국립대학교 몽골어문학과 학사 졸업
고려대 문화재학협동과정 민속학 전공 석사 졸업
단국대 몽골학과 박사과정 수료
現 단국대 몽골연구소 연구원

초급 만주어

초판인쇄 2015년 02월 23일
초판발행 2015년 02월 28일

기　　획 고려대학교 민족문화연구원 만주학센터
집　　필 이선애·김경나
발 행 인 윤석현
발 행 처 도서출판 박문사
책임편집 최인노·김선은·최현아
등록번호 제2009-11호

우편주소 ⓟ 132-881 서울시 도봉구 우이천로 353 / 3F
대표전화 02) 992 / 3253
전　　송 02) 991 / 1285
홈페이지 http://www.jncbms.co.kr
전자우편 bakmunsa@hanmail.net

ⓒ 고려대학교 민족문화연구원 만주학센터 2015 All rights reserved.
　Printed in KOREA

ISBN 978-89-98468-53-8　　13730　　　　　　정가 18,000원

* 이 책의 내용을 사전 허가 없이 전재하거나 복제할 경우 법적인
　제재를 받게 됨을 알려드립니다.
** 잘못된 책은 구입하신 서점이나 본사에서 교환해 드립니다.

이 책은 2007년 정부(교육과학기술부)의 재원으로 한국연구재단의 지원을 받아 수행된 연구임(NRF-2007-361-AL0013)